JN248593

コンパス
保育内容 人間関係

編著：岸井慶子・酒井真由子

共著：片川智子・越川葉子・齊藤 崇・佐伯 胖・清水道代
　　　土屋 由・永田陽子・松山洋平・八代陽子・山口美和

建帛社
KENPAKUSHA

まえがき

　本書は，保育者養成の演習科目テキストです。したがって，研究者ではなく，専門学校・短大・大学で保育者養成課程に学ぶ学生を対象として書かれています。保育者を目指して勉学に励み，実習を経ていよいよ現場に立ったとき，目の前の子どもたちは実に様々であり，保育の場で結ばれる「関係」も複雑で重層的に絡みあっていて，どこから読み解いてよいのかわからなくなるほど圧倒されるのではないでしょうか。読み解こうとしている保育者自身もまたその関係の網の目に飲み込まれているのですから。

　本書の特長は二つあります。一つはできるだけ日常保育の中で生起する実践事例をとりあげ，そこから考えをひろげ，理論へとつながる展開にしたいと考えたことです。理論の解説や理想的な年齢別発達の姿の解説で終わるのではなく，入園から卒園までの生活の中で実際にしばしば起きるであろう具体的事例をできるだけ多くとりあげ，そこから考えていきたいと考えました。なぜなら，同じ年齢段階でも，個々の子どもや季節や時期，クラス内の状況によって生起する現象が異なりますし，学生の皆さんに少しでも現場の実践を感じ取って実践から考えること楽しんでほしいと考えるからです。実践力につながるような実践と理論の「重ね描き」を目指したいと考えました。つまり，まるでデッサンをしているときにたくさんの線の重なりの中から，描きたい対象の輪郭が浮かび上がってくるように，日常の中の「あの姿」，「この姿」を重ねながら，「保育内容　人間関係」や保育の中の「人間関係」をとらえていきたいと考えたのです。「一筆描き」ではなく「重ね描き」です。

　二つには，「保育内容」としての領域「人間関係」に示されている内容にとどまらず，子ども・人間をとらえ，考えるものとしたいと考えました。本書が佐伯胖先生の「第1章　人と人との関係」から始まっているのはそのような思いがあるためです。「人間関係」を領域の一つに位置付け「保育内容」として扱うことに多少のためらいがありました。人は一人では生きていけません。生きていく限り人間関係から離れることはできません。それならば，共に生きざるを得ない人と人の「関係」の質を問題にして考えていこう。そのような思いも根底にあります。

　すでに幼稚園教育要領，保育所保育指針，幼保連携型認定こども園教育・保育要領が改訂（改定）され2018（平成30）年4月から実施されようとしています。また，幼稚園教諭養成課程の授業内容についてもモデルカリキュラムが示されています。このような時期に，テキストを上梓することに恐れもありました。しかし，学生たちは待っていられません。本書を手に取って下さった皆様からのご批判，ご教示を得てさら

に内容を高めていきたいと考えました。

　これから，実践者になろうとする学生や実践しておられる保育者の方々が子どもと共に生活していくときに，自分と同じ地平に立つ子どもを楽しみながら，子どもへ温かいまなざしを向けられることにつながることがあれば，編著者一同の大きな喜びです。

2018年1月

編者　岸井慶子

目　　次

第6章　子どものいざこざと人間関係　　63

第7章　子どもの様々な感情と人間関係　　75

第11章　領域「人間関係」からみた小学校との連携　　121

第12章　園で育む子どもの人間関係　　131

第1章 人と人との関係

本章では，「人と人との関係」を考える際に，そもそも人はどのような存在なのかという問いから始める。そこから人と人は互いに「よくある」ことへの「訴え」を聴き合うこと，そしてそれは互いが「同感」し合うことではなく，「共感」し合うことであることを示す。さらに，真に共感関係を築くには，一人称性の確立をもとに，「私たち」主義（WE-ism）を脱して，相手を二人称として関わることが大切であることを論じる。

1 「訴え」を聴くということ

（1）「…とは何か」を問う

本章は，「人と人との関係」をとりあげる。つまり，人が人と関わること／関わり合うことについて考えることになる。当然，問題になることは，人は単数か複数か，「関わる」とはどういうことか，「関わり合う」とはどういうことか，ということである。さらに掘り下げれば，そもそも「人（あるいは人々）」とは何か，その「人（あるいは人々）」が子ども，幼児，あるいは乳児だとしたらどうなのか。また本書が「保育」に関するテキストであるならば，当然，「関わる／関わり合う」ということに「保育」という営みを含めないわけにはいかないだろう。そうだとしたら，保育という営みそのものが何かを問わねばならないし，そこでの人／人々の関わること／関わり合うことについて論じなければならないだろう。

どうしてこのような「頭が痛くなるような」問題を冒頭にかかげるのか，と読者は疑問に思われるだろう。しかし，上記のような問題意識は，教育学，社会学，経済学等，およそ社会科学・人間科学の探求では欠くことのできない基本問題で，それらの分野ではこの問題をめぐっては長年，様々な提言や論争が

絶えないというのが一般的なのだが，残念ながら，「保育」という世界では，このような基本的問題意識をもって書かれた書物はあまりみられない。それはむしろ，「特異」だといわねばならない。つまり，「保育」という世界では，「…とは何か」を問わずに，ただひたすら，「どうであるか」，「どうであるべきか」を調べたり，論じたりしてきた。これは社会科学・人間科学全般からみればむしろ「特異（singular）」なことで，改めるべきことではないだろうか。

（2）ロビンソン・クルーソー物語

　保育の世界では「…とは何か」がほとんど問われていないというのがむしろ「特異」だと述べたが，「日本教育」という世界がほぼ似たような状況なのだと嘆いている人に，村井実がいる。もちろん，教育学全般をみれば，ペスタロッチにせよフレーベルにせよ，この問題に正面から取り組んでこそ，かの豊かで多様な，すぐれた実践を生み出してきたことは疑いもないことだろう。村井が嘆いているのは，我が国の教育／教育学において，とくに近代のそれらが，そのような根源的な問いを忘れてきていることであり，それを嘆き，そのことに警告を発しているのである[1]。

　そこで，村井が「人間とは何か」，「教育とは何か」を考える出発点としているのは，かの有名な「ロビンソン・クルーソー」の物語[2]である。

　ロビンソン・クルーソー物語というのは，ロビンソン・クルーソーが乗っていた船が嵐で転覆したあと，筏（いかだ）で漂流してたどり着いた無人島で，何十年も過ごすことになるという小説である。無人島に来て25年目に，近隣の島から連れて来られて処刑で殺されそうになっていた男を助け，「フライデー」と名付けて一緒に暮らすようになる。さてここで，想像していただきたい。フライデーに出会う前のロビンソンは，島の中で「これが欲しい」と思うものを見つけたら，それはそのまま，それを手に入れればよいわけである。ところが，フライデーと出会ってからの生活を考えると，何かよいモノをみつけて，「これが欲しい」と思うと同時に，「たぶんフライデーも欲しがるだろう」と考える。あるいは，そのものを2人が同時に見つけた場合を考えてもよい。要するに，そのモノ（ここではXと名付けよう）に対して「ロビンソンはXが欲しい」ということと「フライデーもそのXが欲しい」という事態となるわけである。両者が「自分はそのXが欲しいのだ」を主張し合っていたら，いわゆる「取り合い」となり，けんかとなり，一方が他方から「奪い取る」ことになる。無人島なら「殺し合ってしまう」かもしれない〔保育者（幼稚園教諭，保育士，保育教諭をいう）なら，「ふたりでじっくり話し合いなさい」と言うかもしれないが，何を話し合えばよいのだろうか〕。

1）　村井実『日本教育の根本的変革』川島書店，2013.

2）　ダニエル デフォー，横山洋子監修『ロビンソン・クルーソー』（10歳までに読みたい世界名作18）学研プラス，2016.

村井はここで次のことを指摘する。互いが「望んでいること（What is desired）」を表明し合っても解決には至らない。互いが，互い同士の間で「望ましいこと（What is desirable）」についての考えを出し合うしかない，と。村井は，ロビンソンとフライデーは人間として当然のこととして，2人にとってはなにが「望ましい」か，どういう事態が両者にとって「よい」かを考えないはずはないという。それは，そもそも，人間は他者と「共に生きる」存在であり，他者を「おもんぱかる」（広辞苑第六版では「慮る」と表記される）存在なのだとされる。人間がそういう存在だというのは，形而上学的前提（ものごとの存在様式についての規定）であり，そのことが成立する根拠や前提は問わない。むしろ，そのことから導かれることこそ探求していかねばならないことだとされるのである。

＊1　筆者が所長を務めている信濃教育会教育研究所での第70期研修員M氏（男性）の口頭での報告をもとにして，筆者が若干脚色してまとめたエピソードである。

（3）「さくらんぼ」事件

以下のエピソード＊1から，さらに考察を深めていこう。

事例1−1　さくらんぼをはき出す

　2歳半の息子のA児はさくらんぼが好きで，さくらんぼが食べたいっていうから，スーパーに一緒に行って，さくらんぼを1パック買ったんです。私は夕ご飯の準備をしなければならないので，さくらんぼを洗って器に入れて，「食べててね」と言ってテーブルに置いておいたのです。台所で夕食の料理をしながらふとのぞいたら，A児は好きなはずのさくらんぼを，半分ぐらいかじると，ぺっと出しているんですね。「えっ」と思って，なんでそんなもったいないことするのかと思って，「やめなよ」って言って怒ったんですね。で，「ダメだからね」と念を押してから目を離したら，また次々と半分くらい口に入れては，ぺって出しているんです。それで腹がたってきちゃって，「自分で食べたいと言ったので，スーパーで高いやつを買ったのに！　なんでそんなことするんだ！」って叱ったんです（A児，泣き出す）。

　それで，あとでよくよく考えたのだけど，私がさくらんぼを洗って，「食べてて」といって，別のこと（夕食の準備）のため離れていっちゃった。息子はおそらく，私と一緒に食べたかった。「おいしいね」とか言いながら，一緒に食べていたらそんなことはなかっただろうって，ふと気づいたのです。

　このエピソードで注目したいことは，A児がさくらんぼをちょっとかじってはぺっとはき出している行動だけを見れば，A児はさくらんぼが嫌いなのだと判断してしまうことは当然だということである。これは「欲求」レベルで相手の行動を解釈するという，ごく普通の「子ども理解」であろう。これは「欲求」レベルではなく，欲求の背後にある「訴え」を聴き取ることが大切だということである。A児は「自分が食べたいものを食べる」のではなく，お父さん

と2人で食べることが「よい」と判断し，その「よさ」を求めていた—むしろ，よさの実現を「訴えて」いた—のである。

　ロビンソン・クルーソーの例に戻れば，もしかしたら，ロビンソンが欲しがっているモノXを，フライデーは「いらない」と言うかもしれない。「本当か」とあえてたずねると，「それ，嫌いなんだ」と言うかもしれない。そこで，「欲求レベル」で解決してしまえば，「ロビンソンがXを得る」ことで一件落着するだろうが，もちろん，それは正しい解決ではない。「欲しいのか，欲しくないのか，はっきり言いなさい」という，保育者がよく言う言い方では，何の解決にもならないのである。

　表明される「欲求」の背後にある「訴え」を聴き取ることは，容易なことではないが，人と人との関係を考えるとき，「訴え」を聴き合う関係こそが最も望まれることではないだろうか。

2　「私たち」主義からの脱皮

（1）「同感」と「共感」

　以前，ある雑誌で保育における「共感」についての特集が組まれ，「共感」についての筆者の考えを聞くということでインタビューを受けたのだが，いきなり「共感とはどういうことか」を問われた。インタビュアーから「例えば，子どもが砂場やすべり台で楽しく遊んでいるときに，自分も楽しくなって仲間に入っていくこと…なんでしょうか」と質問されたのである。単純に「そうです」とは言えず，だからといって「ちがいます」とも言えないので，なんとなくお茶を濁して話題を変えてしまった（今思えば，大変失礼なことをしたと悔やまれる）。

　ここで弁解じみたことを言うようだが，「子どもが楽しんでいるところで，保育者自身も面白くなって仲間に入って楽しむ」というのは，一般的には「共感」だとされるかもしれないが，筆者としてはそれには同意しかねる。それはむしろ「同感」なのではないかということである。

　他人の思いや感情に，自分の思いや感情をのせるというのは，他者の思いや感情を自分の思いや感情と「同じ」とみなしているわけで，これは「同感（sympathy）」であって「共感（empathy）」ではない。

　「共感」というのは，自分と他者はもともと違うという前提に立ちつつ，まずは相手が見ている世界を見る。また，相手がやろうとすることの背後にあるその「やろうとする」ことの動機や理由について，相手の置かれている状況，

それまでの経緯（いきさつ）等も踏まえて自らの中に取り込む。そのようにして相手自身に「なった」とき，自然にわき起こってくる情感や思いが「ああ，これがこの子（人）がいま，現に，経験してる世界なのだ」と痛感したとき——多くの場合，それは想定していなかったことの「発見」なのだが——，そのときそれは「共感」になっているのである。「共感」は「あてはめて」いるのではなく，「わきおこってくる」ものなのだ。「共感」は，先に述べた「訴え」が，自然に「きこえて」くる状態であり，他者が表示している「欲求レベル」の感情や行動に「合わせている」のではない。

　一方，保育の世界では，「共感」という言葉のもとに，実質的には「同感」が推奨され，保育実践の中心とされてきてはいないだろうか。乳幼児の保育では何よりも親や保育者と乳幼児との「アタッチメント（愛着）」形成が大切とされ，「気持ちが通じ合う」ことが求められる。保育では何よりも「子どもの思いを受け止める」とか「子どもに寄り添う」とか…ともかく，「緊密な」（同感的）関係づくりこそがすべての基礎にあるとみなされてきている。もちろん「アタッチメント（同感形成）」は親子間の原初的絆として重要であるが，そこから，相手を独立した人間としてみる「共感」に発展しなければならない。

（2）「私たち」主義（WE-ism）

　結城恵は，我が国の保育が子どもたちを常になんらかの共同体（集団／グループ／仲間）に所属させ，その共同体の成員であることでアイデンティティをもたせるように強く働きかけていることについて，幼稚園での子どもたちの活動，保育者たちの働きかけの言動の詳細な観察研究（エスノグラフィ）から明らかにしている[3]。ただ，結城がフィールドワークの対象とした幼稚園は，「一斉保育」を中心とした，極端なまでに「集団主義」的保育が実践されているところであり，子どもたちの自由遊びや自発的に生まれる課題を大切にするいわゆる「自由保育」ではない。しかし，保育形態がどうであれ，保育実践において，グループ活動や集団活動，仲間関係を重視して，「みんな」で何か（一人ではできない）スゴイことを成し遂げ，「私たち」という一体感を高めることこそが保育の成果だとする風潮は，我が国の場合，かなり根強いのではないか。日本の就学前保育・教育施設（幼稚園，保育所，認定こども園をいう）や学校は，「運動会」（欧米ではほとんど考えられない行事）をはじめ，様々な集団活動の「行事」が年間スケジュールにひしめいていることに大きな「特徴」がある。

　筆者が問題にしたいのは，この「みんな」とか「私たち」という言葉には，「一人一人が勝手なことをしてはならない」というような「強制力」が働くの

3）　結城 恵『幼稚園で子どもはどう育つか：集団教育のエスノグラフィ』有信堂高文社，1998.

5

ではないかということである。そこでは「同感」が前提とされ，なかば強制される。このことを，筆者はここで「私たち主義（WE-ism）」と名付ける。

「保育では人間関係が大切です」という言葉が，なにかと「私たち」とか「みんな」を優先させ，「同感」を強制しているとしたら，それは私たちが「私たち主義」に陥っているのであり，そこからの脱出こそが，保育における「人間関係」の重要課題だと言わねばならない。

この「私たち主義」から脱皮する第一歩は，実は「一人称」の確立にある。そのことを以下で説明する。

（3）日本人には「一人称」がない？

次に紹介するのは，筆者が何十年ぶりかで出席した箕面自由学園中学校同窓会の席で「卓話」（テーブル・スピーチ）で語った話をまとめたものである。

私は1966（昭和41）年にフルブライト留学生としてアメリカのワシントン州，シアトルにあるワシントン大学大学院の心理学専攻に入学した。大学院生活は大変厳しいもので，膨大な文献を読んだり，レポートを書いたり，さらに，機関銃のようにまくし立てる講義を聴き取ってノートに記したりで，息つく暇もないぐらいであったが，週末には院生のだれかのアパート等で，缶ビールを持ち寄って談笑したりもしていた。そういうとき，「今週のxxxという授業でのyyyの話，あれはどうなんだろう？　君はどう思う？」等と話し合うのだが，ときには「サエキはどう思う？」と聞かれる。私なりに勉強したことをもとに，それについての最近の研究を話したりしはじめるのだが，なんとなく「うさんくさい」というような反応。こちらもなんとなく気落ちしてしょんぼりしていると，ある友人がこうはっきり言った。「サエキの今の話は，その研究についての"What is supposed to be true"（何が本当とされているか）の話だが，サエキ自身が"What is true"（何が本当か）についてどう考えているかを聞きたいのだ」と言われた。これは非常にショックだった。

私は長年，勉強というのは「何が真実とされているか」について調べ，整理し，覚えることと思って一所懸命，努力しており，「何が真実なのか」を自ら問う等ということは，どこかエライ人，天才的なアタマの持ち主がやることで，我々凡人はそういうエライ人が唱えた「論」を「真実だということにして」覚えるだけだと思い込んでいた。

そこから脱して，自分自身で「本当だと思えること（納得すること）」を求め，1968年に修士論文，1970年に博士論文を書き上げて1年間のポストドクターを終えて帰国したのだが，日本の心理学関連の学会誌論文は，すべて，"What is supposed to be true"ではじまり，"What is supposed to be true"で終わるというものばかりで，論文執筆者自身が「本当に何が真実かをこの私が問う」という気迫も意欲もまったく感じられないものばかりだった。

このことは，次の言葉に要約できるだろう。日本人には，一人称がない。

たしかに，日本語の文章では，一人称なしで十分成り立つ。ものごとを主張するときは，「そのことが真実だと私は信じる」と主張するのではなく，暗に「みんな，そうなんです（みんな，それを真実だとしている "They suppose it to be true"）」という，いわば「三人称複数だのみ」で語る。私たちが学校で「勉強すること」というのは，小学校から大学，否，卒業後の社会でも，すべてと言っていいほど，「三人称複数だのみ」を身につけることに専念している。「みんな」がどうであるかで「…すべきである」，「…でなければならない」という「べき・ねば」思考が生まれ，それを身につけることが発達であり，成長であり，人格形成であるとしてきている。日本の幼稚園では，結城が報告しているように，子どもたちも，「仲間にいれてもらう」ことがなによりも重大で，「仲間はずれ」となることは，まさに「居場所のない」存在であり，「人間失格」とされたように思ってしまう。このような日本の精神風土を，山岸俊男は社会心理学的実験（「囚人ジレンマ」ゲームを用いた心理実験）で，日米比較をして，日本人は「安心社会」を求めるのに対し，米国人は「信頼社会」を求めるとしている[4]。「安心社会」というのは，集団（仲間うち）で守られることを最優先とし，集団（仲間）内では互いに「内集団ひいき」で結束するという社会であり，「信頼社会」というのは，個人と個人との相互関係を中心に社会的関係を広げる社会だとしている。日本人がいう「みんな」は，文字通りのみんな（everybody）ではなく，特定の「私たち」という閉じた社会，閉じた集団，閉じた仲間関係の中での「みんな」なのだ。

（4）他者の「一人称性」を受け入れる

「一人称」の確立は，実は，他者の「一人称性」を受け入れることからはじまる。

社会学者の上野千鶴子は，母親は子どもに愛情を注いで育てるべきだとか，子は育ててもらった親がどんなに老衰し認知症になっても恩返しとして介護するべきだとして，それどころでない状況におかれている当事者の主権を平気で侵害する日本社会を糾弾している[5]。その上で，ケアというのは，ケアする側，ケアされる側の当事者の自己決定権（当事者主権）を認めた関係で生まれることであり，ケアすることを強制されたり，ケアは拒否できないとされる関係（現実の日本社会はそうなっている）では，本来のケアが失われているとしている。つまり，ケアする側も，ケアされる側も，まずは「一人称」をもつ存在であることをしっかり踏まえてこそのケアであり，私たちの社会は，そのような，双方の当事者主権を認め合う社会にならなければならない，というのである。

このことを，「保育」という営みをケアとしてみた場合に当てはめていえば，子どもを保育しているとき，子どもが「保育を拒否する」という権利を有することを認めることになる。これは，多くの保育者にとっては，ちょっと「受け入れがたい」ことかもしれないが，実際には，そういう事態がないわけではない。

4）山岸俊男『安心社会から信頼社会へ―日本型システムの行方―』中公新書，1999.

5）上野千鶴子『ケアの社会学―当事者主権の福祉社会へ―』太田出版，2011.

　例えば，ある障がいをもった子どもに加配の保育者（障がい児教育の専門家）がついた。その加配保育者はその子に専属で関わり，苦労の末，相互の緊密な信頼関係ができてきたのだが，ある出来事をきっかけに，その子がはっきりとその保育者から「離れる」ようになった。むしろ，別のクラスの担任保育者の方に近づくようになったという。その担任保育者は，その子のことを特別視することなく，同じクラスの子と同様，ごく普通に，「やりたいようにやらせて」くれるだけであったという。加配の保育者は，寂しい気持ちもあり，自分自身の関わりが不適切だったのかと反省もしたのだが，やはりその子が自分を「卒業」していったのだとして受け入れるように心がけたという。

　上野がいうケアする側も，ケアされる側も，当事者としての自己決定権（当事者主権）があるとするのは，お互いが自立した（「一人称性」の確立した）人間同士であることを認めることである。

　子どもを自己決定権をもった「人間としてみる」ということは，それをみる保育者自身，一人称性を確立した（自立した）個人であることが前提となっているのである。むしろ，子どもを「人間としてみる」ことによって，子どもと関わる私たちが「人間になる」といってもよいだろう。

3　子どもを「人間としてみる」ということ

（1）子どもを「人間としてみる」ということ

　ここであらためて，子どもを「人間としてみる」ということについて考えてみよう。子どもを「人間としてみる」ということは，まず，子どもを欲望をもつ存在，いろいろな欲求を発散している存在としてみるだけではなく，子どもは他者と共に，よい間柄を生きようという「訴え」をもつ存在とみることである。その「訴え」は，もしかしたら本人すら気づいていないかもしれない。こちらが「訴えを聴こう」として関わったときに，はじめて子ども自身が気づき，それを（ときには「おそるおそる」）表明してくれるかもしれないし，表明される欲求の奥にある，言葉や声に出さないものを，ただこちらが「感じ取る」だけのことかもしれない（事例1－1）。さらに前節でのべた「私たち主義」を排して，「私たち，一緒よね」とか「みんな，おともだちもやってるでしょ」という言葉がのどに出かかってくることを，グッと飲み込んで，「あなたは，あなたでいい」と心して，「いやなら拒否する権利があなたにある」と心に言い聞かせ，最後に，「私も私，わたし自身，ひとりの人間としてあなたに関わる」と肝に銘じて関わること，これが，子どもを「人間としてみる」というこ

となのだ。

（2）予想，計画，評価…

　ところが，現実の保育実践は，残念ながら，子どもを「人間としてみる」ことを困難にしている（思い切っていえば，妨げている）実情がある。しかもそれが，（困ったことに）「教育」という名のもとに行われているのである。つまり，世の中では，子どもを「人間としてみる」のではなく，「教えの対象としてみる」ことが横行しており，その場合の「教え」とは，対象（子ども）を大人が考える「望ましい姿」に変える（教化する）こととされているのである。そのためには，保育者は日々の子どもの様子を細かく観察し，一人一人の子ども，あるいはいろいろなグループの子どもたちが，どのようにふるまっているか（行動しているか）を的確に把握し，それらが「望ましい姿」に一歩でも近づくために，どのように教具・教材・環境を用意して，それらと子どもたちがどう関わって，どういう行動を示すかを的確に予想できなければならないとされる。そして，保育者は，子どもたちを「望ましい姿」に近づけるための様々な手立て（準備と対応）を講じなければならず，そのための計画を綿密に立てて保育活動を実施し，計画したとおりに「望ましい姿」に近づけさせることができたかを評価しなければならない。

　そのような，予想・計画・評価…が求められている中で，あえて，子どもを「人間としてみる」ということは，「たいへんなこと」としかいいようがない。

（3）レディの「二人称」革命

　英国の発達心理学者のレディは，学識ある発達心理学者として最新の発達心理学研究の知見をふまえて，大学で発達心理学の講義を行ってきたが，自ら子どもを出産し，赤ちゃんと関わったところ，実際の赤ちゃんは発達心理学のテキストで描かれている姿とはまるで違っていることに驚いた[6]。発達心理学では，赤ちゃんが他人の「心」を理解するのは4歳を超えてからだとされていたが，実際の赤ちゃんと関わってみると，赤ちゃんはこちら（大人）の心を理解しているどころか，もてあそんだり，だましたり，からかったりで，まさに，「人間」そのものだったというのである。

　レディは，どうして心理学ではこれほど生き生きとした赤ちゃん（子ども）を描き出してこなかったのかを考えた。行き着いた結論は，心理学に限らず近代の人間科学・社会科学での「人間」探求が，ことごとく，人間を三人称的に（対象と直接的な関わりをもたず）観察し，実験し，調査するという，「科学的方法」で，検証可能な実験・調査の知見を「定説」としてきたことによる，とい

6）　ヴァスデヴィ　レディ，佐伯　胖訳『驚くべき乳幼児の心の世界－二人称的アプローチから見えてくること－』ミネルヴァ書房，2015.

うものだ。そこで，レディは，赤ちゃん（あるいは子ども）と「二人称的に」関わることを提唱した。この「二人称的関わり」というのは，本章で筆者が「共感的関わり」として述べていることと原則的にはほぼ同じといってよいだろう。ただ，レディは，この「二人称的関わり」でみえてくる子どもの姿が，いかに，人間そのものを示しており，驚くほど豊かで，人の心を揺さぶる，ときには笑いが抑えきれないような「面白さ」を示しているかを描いている。そのような「人間としての」赤ちゃんが「みえて」くるのは，実は，赤ちゃん自身が，私たちに「人間として」関わり，二人称的に関わろうとしていることを，まず私たちが気づくことである。そしてそれに対して，私たち自身が「人間として」，赤ちゃん（子ども）に二人称的に応えることだろう。レディはこのことから，社会科学・人間科学全体を，「二人称的アプローチ」で見直すべきだと提言している。それはまさに，「二人称」革命の提唱である。

　それを，まず，保育という世界で引き起こそうではないか。

● 演習課題

課題1：子どもの「訴え」を聴き取ることを，自らの実践例を出し合って話し合おう。

課題2：「同感」と「共感」の違いを，自らの実践例を出し合って話し合おう。

課題3：私たちが「WE-ism」に陥っている可能性について，具体的事例をあげて話し合おう。

コラム 特別な権利を有する人

　イタリアのレッジョ・エミリア市の保育は世界的に有名で，日本でもそれを取り上げた著書や論文は数多い。だが，私がレッジョ・エミリアの人たちの話をいろいろうかがって，非常に驚き，かつ，心を打たれた次のことは，あまり知られていない。それは，いわゆる「障がいのある人」のことを，レッジョ・エミリアでは「特別な権利を有する人」と呼んでいることである。それに近い日本での言い方は，「特別な支援を要する人」ということになるだろう。しかし，「特別な支援を要する人」という言い方には，特別な支援を「してあげる」という上から目線の見方が感じられる。一方，「特別な権利を有する人」というのは，障がいのある人の「訴え」を聴くことに，私たちが「特別な配慮」をしなければならない義務を負っているということである。「特別な支援を要する人」という言い方には，支援の内容はこちら（支援する側）が決めることを暗黙の前提にしているが，「特別な権利を有する人」といえば，どのような支援が必要なのかについては，まず，当人に「聴く」ことが前提になっている。

　このような見方は，第二次世界大戦のときに亡くなった社会思想家のシモーヌ・ヴェイユが「隣人愛」についての説明をする際にとりあげている「聖杯伝説」を思い起こさせてくれる。

　聖杯というのは，キリストが「最後の晩餐」で葡萄酒を注いで弟子たちに回して飲むように告げた杯のことだが，伝説ではそれが聖変化（葡萄酒がキリストの血となること）の効力によってどんな飢えをも満たすことのできる奇跡の杯とされている。ヴェイユによると，中世初期の頃の聖杯についての伝説（聖杯伝説）に次のような話があるという。この杯を守っている王は，世にも痛ましい傷のためにからだの四分の三が麻痺しているのだが，この王にむかって，「あなたの苦しみは何なのですか？」（"Quel est tontourment?"）と最初に言葉をかける人にこそ，その杯を手渡すことで恩寵がもたらされるという伝説である[1]。ヴェイユは，隣人愛というのは，困っている人に何かをしてあげることではなく，まず「あなたの苦しみは何なのですか」と聴くことであり，それを最優先させることなのだというのである。

　ケアリング論者のネル・ノディングズも，ケアリングの原点は，ヴェイユの「聖杯伝説」にあるとしている[2]。

　「保育」を考える際も，子どもたちに何を「してあげるべきか」を事前にこと細かに計画し，それを実行して評価するというPDCA（Plan-Do-Check-Action）が重要だとされるが，一人一人の子どもが，それぞれ固有の背景（当然，障がいも含めて）を背負って，その時々に訴えていることを，まず「聴く」ことからはじめる，ということにこそ保育の原点があるということをここで訴えておきたい。

＊1　シモーヌ ヴェーユ，渡辺 秀訳『神を待ちのぞむ』春秋社，1967.

＊2　Noddings, N., *Starting at Home: Caring and Social Policy*, University of California Press, 2002, p.15.

第2章 幼児教育の基本と領域「人間関係」

本章では幼稚園や保育所等の幼児教育施設[*1]において，どのように幼児教育を行えばよいのか，その基本的な考え方について学ぶ。そして幼稚園教育要領等の領域「人間関係」の「ねらい及び内容」について，具体的な子どもの姿の事例を参照しながら理解する。また「幼児教育を行う施設として共有すべき事項」の「育みたい資質・能力」や「幼児期の終わりまでに育ってほしい姿」についてもふれることとする。

*1　保育所保育指針総則第1章4では，保育所は「幼児教育を行う施設」として位置付けられている。

*2　本書では，幼児教育の基本について「幼稚園教育要領」を中心に取りあげる。保育所保育指針では，乳児，1歳以上3歳未満児，3歳以上児の3つに分けて「ねらい及び内容」を示している。乳児においては5領域ではなく，ア健やかに

1 幼児教育の基本

幼児教育の基本[*2]とはどのようなことであろうか。幼稚園教育要領には，幼児教育の基本，重視すべきこと，教師がしなければならないことにについて，次のように示している（下線筆者）。

第1章　総則

第1　幼稚園教育の基本

　幼児期の教育は，生涯にわたる人格形成の基礎を培う重要なものであり，幼稚園教育は，学校教育法に規定する目的及び目標を達成するため，<u>幼児期の特性を踏まえ，環境を通して行うものであること</u>を基本とする。

　このため教師は，幼児との信頼関係を十分に築き，幼児が身近な環境に主体的に関わり，環境との関わり方や意味に気付き，これらを取り込もうとして，試行錯誤したり，考えたりするようになる幼児期の教育における見方・考え方を生かし，幼児と共によりよい教育環境を創造するように努めるものとする。これらを踏まえ，次に示す事項を重視して教育を行わなければならない。

　1　幼児は安定した情緒の下で自己を十分に発揮することにより発達に必要な体験を得ていくものであることを考慮して，幼児の主体的な活動を促し，<u>幼児期にふさわしい生活が展</u>

> 開されるようにすること。
>
> 2　幼児の自発的な活動としての遊びは，心身の調和のとれた発達の基礎を培う重要な学習であることを考慮して，遊びを通しての指導を中心として第2章に示すねらいが総合的に達成されるようにすること。
>
> 3　幼児の発達は，心身の諸側面が相互に関連し合い，多様な経過をたどって成し遂げられていくものであること，また，幼児の生活経験がそれぞれ異なることなどを考慮して，幼児一人一人の特性に応じ，発達の課題に即した指導を行うようにすること。
>
> （幼稚園教育要領　第1章総則　第1幼稚園教育の基本）

伸び伸び育つ，イ身近な人と気持ちが通じ合う，ウ身近なものと関わり感性が育つ，の三つから整理されている。幼保連携型認定こども園教育・保育要領でも，「ねらい及び内容」については，乳児期，満1歳以上3歳未満，満3歳以上の三つに分けて示している。

小学校以上の教育とは異なる，幼児期の教育の基本原則として以下の4点をあげることができる。

（1）環境を通して行う教育

なぜ幼児期の教育は環境（環境の概念は広く，物的・空間的環境，人的環境だけでなく，自然環境，時間や雰囲気等も含まれる）を通して行うことが大切なのだろうか。それは幼児が，自分を取り巻く環境に働きかけ，環境と相互作用をしながら主体的に学ぶ存在だからである。他者から「やらされて，いやいや行う」ことからは学ばない。自分から，興味・関心をもって意欲的に行うとき，幼児は様々なことを学び，成長していくのである。「馬を水辺に連れて行くことはできても，水を飲ませることはできない」という諺があるように，無理強いして活動させても，本人にやる気がなければ意味がないということである。

事例2-1　図鑑を作りたくて，字を覚えたA児

11月の入学時健診をきっかけに，年長組では小学校への入学を楽しみにする姿が見られるようになった。字を書くことに興味をもつ幼児が出てきた。そこで，保育者（幼稚園教諭，保育士，保育教諭をいう）はノートが作れるような白い紙や表紙になる厚紙や柔らかな芯で書きやすい鉛筆を保育室の製作棚に準備しておいた。翌日登園してきた幼児たちは早速ノート作りを始めたり，鉛筆で字を書いたりする。今まで文字にあまり興味をもたなかった幼児も，新しい鉛筆やノートに興味を示し，その遊びはクラス中に広がっていった。ままごと遊びの中でも，「お勉強」と言いながらノートに絵や字を書いて楽しむ幼児がでてきた。字が書ける幼児は，手紙を書くようになった。そこで，保育者は数人の幼児と一緒にポストを作って保育室に設置した。それを見て自分のロッカーに自分用のポストを設置する幼児も出てきた。しかしそのような遊びには全く興味を示さないA児（男，6歳）もいる。A児は戸外遊びが大好きで，室内で落ち着いて絵を描いたり何かを作ったりすることが苦手である。友だちから誘われても，ノート作りやお勉強ごっこには参加しない。ところがある日，友だちがきれいなノートを作り，そこに鉛筆でいろいろな虫の

絵を描いている姿を見つけると，興味深そうにじっと見つめていた。Ａ児は虫や恐竜が大好きなのである。保育者が「作るなら，材料は…」と誘いかけると，Ａ児はすぐに取りかかった。Ａ児は「虫の図鑑を作る」と言い，何日も熱心に取り組んだ。園で作った図鑑を家に持ち帰り，家でさらに書き足し，また翌日に園へ持ってくることの繰り返しだった。いつの間にかＡ児はひらがなを覚え，書き，図鑑のページのために数字も覚えて書けるようになっていた。全く興味を示さなかったＡ児は，たった２週間でひらがなをすべて書けるようになって，苦手意識をなくし自信を持つようになった。

〔事例の考察〕

　小学校入学前の健診も，年長組の幼児にとっては環境[*3]であり，その環境からの刺激を受けて，鉛筆を使ったり，字を書いたりすることへの興味が強くなっている。その姿をとらえ，担任保育者は活動に必要な材料や落ち着いて作れる場や，時間を確保した。つまり，幼児の興味・関心をとらえ，物的・空間的環境を構成している[*4]。Ａ児は自分を取り巻く周囲の様子，友だちが熱心に取り組む様子から刺激を受けていただろう。自分の興味がある「虫図鑑作り」を始めることで，結果的に苦手だった字を書くことも，数字を順番に並べて書くこともできるようになったのである。

*3　幼児に入学前健診という環境が働きかけることで，そのフィードバックとして文字への興味・関心が生まれてきたといえる。

● 演習課題

課題１：事例２－１を，どのような環境からの刺激で，どのような興味・関心が生まれ，どのような活動が生まれたのか，図に整理してみよう。

課題２：水遊びが嫌いな子どもに対して，どのように受け止め，関わったらよいか，具体的な手立てを書き出してみよう。「環境を通して行う教育」の視点と結びつけて整理してみよう。

（２）幼児期にふさわしい生活の展開

　あなたが親になるとしたら，幼児期の我が子にどのような生活をして欲しいだろうか。幼児期にふさわしい生活として，次のような視点が大切だと考える。

　①　保育者との信頼関係が基盤になり，安心や情緒の安定が得られる生活。

　②　興味・関心に基づいた直接体験が得られる生活。

　③　友だちと十分に関わり，相互に刺激し合い影響し合いながら共に成長していく生活。

　近年，幼児の生活と大人の生活の境界があいまいになって，夜更かしをする幼児も多い。また，老人のように静的な活動を好み，室内で過ごす時間が長い幼児もいる。幼児期は，心も体も大きく育ち運動機能も発育・発達する時期である。十分に戸外活動を保障していきたい。

*4　平山許江は，求められる保育環境として，① 安心・安全の保障，② 探求心の保障，③ 信頼感の保障の三つをあげている。
　青木久子・磯部裕子編著『領域研究の現在〈環境〉』萌文書林，2013，pp.118-126.

　感情も複雑になり 5 歳児になると大人とほぼ同じような感情をもつようになるといわれている。情緒が育つ時期である。知的な欲求も高まり，調べたり考えたり幼児なりに，論理的に考えられるようになる。美しいものに出会って心を揺さぶられ，感性を磨いたり，自然の不思議さや生命のはかなさや大切さ，慈しむ心等を育てたりする出会いを「自然」は豊かにもたらす。人工的な物に囲まれた生活ではなく，自然との触れ合いが十分に得られる生活を保障したい。そのような生活を通して，やがて成長したのちに自分たちの住む自然環境（地球環境）を大切にし，守っていこうとする人間を育てたい。

　同年代の子ども同士が，真似をしたり憧れたり，時には衝突したりしながら，お互いの関係性の中で成長していく。また葛藤したり乗り越えたり，一緒に協力する喜びを味わったりすることは，生涯にわたって生きる力の源になると考える。保育者は，子ども同士の学び合う環境を保障していきたい。

● **演習課題**

課題 3：幼児期に「させたくない」生活はどんな生活か，具体的な姿を箇条書きにしてみよう。またなぜ，そのように考えるのか。その理由を考え，話し合ってみよう。

課題 4：灰谷健次郎『天の瞳　幼年編 1』（角川文庫）の主人公倫太郎の生活について，幼児期にふさわしい生活の視点から話し合ってみよう。

（3）遊びを通しての指導

＊5　矢野智司は，遊びには「有用性」と「生命性」の二つの側面があると説明している。

　矢野智司『幼児理解の現象学―メディアが開く子どもの生命世界』萌文書林，2014.

　矢野智司『意味が躍動する生とは何か―遊ぶ子どもの人間学』世織書房，2006 も参考になる。

　幼児の自発的な活動としての遊び[＊5]は，幼児にとって生活の中心であり，学びである。遊びを通して，心も体も育ち，知識や技術，思考力も育つ。大人にとっての遊びは「リフレッシュ，気分転換，息抜き，生活の楽しみ」であるが，幼児にとっての遊びは大人のそれとは大きく異なる。幼児は真剣に遊び，その中で，心も体も知的能力も生きる姿勢も学ぶ。幼児期の教育は「遊びを通して」行われなければならない。

　しかし，幼児の遊びについてここで留意しなければならないことがある。それは，遊びが幼児にとっての「学び」という側面を強く考えすぎると，幼児に何かを教えたり育てたりするための「手段」として考えがちになり，幼児にとっての遊びを狭いものと考えてしまうことである。何かができるようになったり，知ったりすることによって遊びの価値を決めてしまうことになる。何よりも，幼児は何かを学ぼうとして遊ぶわけではない。結果として学ぶのである。また，遊びの価値は遊ぶこと自体にもある。ただ，無我夢中になる，没頭する，時の経つのを忘れる等，体の奥から湧き上がるような充実感を忘れてはならない。そのような体を通しての感覚が，生きる実感を体に染み込ませ，生きる喜

びへとつながる。もう一つ留意することは，同じ遊びを楽しんでいても，何を楽しいと感じ，何を結果として学ぶのかが一人一人異なるということである。

事例 2 − 2　学ぶこと楽しむことはそれぞれ違う

　4歳児クラスで「フルーツバスケット」ゲームをした。鬼になった幼児が「フルーツバスケット」と大きな声で言うと，皆が勢いよく動きだし席を移動する。しかし，よく見ると立ち上がってまた同じ席に座っているB児がいる。C児が座ろうとした席を後から来たD児は，相手を押したり，洋服をつかんでどかそうとしたり，叩いたりしてC児が泣き出した。担任保育者は最初に座ったC児に権利があることをD児に納得させるように説明したり，暴力はいけないことを伝えたりする。最後まで席が見つからなくて，鬼になったE児は，なかなか合図の言葉が言えなくて輪の中央で立ったままでいる。周囲のみんなが，早く次の合図を言ってほしくて「早く，早く」と急き立てるのに対して担任保育者は「待ってあげよう」と言ったり，E児の脇に立って励ます。E児はついに「りんご」とフルーツの名前を小さな声で言うことができた。りんごの絵のカードを首にかけている幼児たちが席を移動した。ところが，その中の1人，F児（男）がなかなか席に着こうとしない。わざとうろうろしている。他児が「ここが空いているよ。早く，早く」と知らせても，席を探すようなふりをして輪の中央にいる。鬼になりたくてしかたがないようだ。

〔事例の考察〕

　ゲームのルールを理解してその楽しさを味わっている幼児もいるが，B児のように合図で立ち上がりまた座ることを楽しんでいる幼児もいる。D児は，先に座った人に権利がある，というルールを再確認するという学びをしている。叩くことはいけないということを学んでいたかもしれない。消極的なE児にとって，今日のゲームはみんなの前で1人で合図の言葉を言う初めての体験だったかもしれない。E児のその姿に接したほかの幼児たちは「E児に対してやさしく待つ」ことを学んだかもしれない。鬼になりたくて席に座らないF児も，それを見ている周囲の幼児も友だちと関わる上で大切なことを学んでいる。

●演習課題

課題5：4歳児が「バナナ鬼」を楽しんでいる姿を想定し，何を楽しんでいるのか，どんな学びをしている（可能性がある）のか出し合ってみよう。

（4）一人一人の発達の特性や課題に即した指導

　それぞれの幼児は，それまで育ってきた家庭環境や生活経験も異なり，性格も異なる。好む遊びも，得意・不得意なことも異なる。ものの見方や，感じ方，関わり方，表現の仕方等もそれぞれ異なる。保育者は，それらの違いを否定することなく，理解し，これからどのような方向に育っていったら良いのか

を考えて指導することが重要である。進んでいる・遅れている，できた・できない等のように一つの基準に照らすのではなく，どのような状態でもそこを出発点として幼児自身が主体的に環境に関わり，経験を得て，発達していく過程そのものを発達ととらえ，そこに援助していくことが重要なのである。例えば，5歳児が，毎日毎日繰り返し楽しんでいるドッジボールの遊びを考えてみる。ボールを素早く取って相手チームの幼児に当てることが上手な幼児もいれば，ボールに一度も触らず，友だちの後ろに隠れるようにして逃げることを楽しんでいる幼児もいる。上手・下手が問題なのではない。今まで参加しようとしていなかった幼児が，楽しそうな様子に惹かれて自分から参加するようになった姿，相手からのボールを落とさずに受け取れるようになろうと勇気を出している姿，片手投げができるようになろうと頑張っている姿，それぞれの姿を理解し大事にすることが重要なのである。また，ドッジボールには参加しないが，その様子を空き箱で作ったビデオカメラで撮影している幼児の発想や，参加の仕方も大事にするということである。

（5）保育者の役割

　保育者は，幼児一人一人の行動からその気持ち，興味・関心・欲求等を理解し，予想に基づいて，遊びを幼児が生み出し，充実した体験ができるようにしていくための環境を構成，再構成する必要がある。また環境の構成は常に保育者だけが行うものではない。幼児と共に一緒に作り出すことも大切である。そして，場面や幼児の状況に応じ，幼児の活動の理解者，共同作業者，憧れを形成するモデル，幼児が安定する拠りどころ，等のいろいろな役割を果たしながら，幼児が主体的に活動し活動を深め，豊かになるように援助する。

2　「ねらい及び内容」と具体的な姿

＊6　5領域

　心身の健康に関する領域「健康」，人との関わりに関する領域「人間関係」，身近な環境との関わりに関する領域「環境」，言葉の獲得に関する領域「言葉」，感性と表現に関する領域「表現」の5領域である。

　5領域[＊6]は，幼児期の様々な発達の側面を，五つの視点からまとめて示したものである。そこに示されたねらいは，育みたい資質・能力を幼児の生活する姿からとらえたもので，内容は，ねらいを達成するために指導する事項である。幼稚園教育要領第2章の領域「人間関係」には「他の人々と親しみ，支え合って生活するために，自立心を育て，人と関わる力を養う」と示されている。そして，「ねらい及び内容」「内容の取扱い」が示されている（p.143の巻末資料参照）。

　ここでは「ねらい及び内容」のいくつかについて事例を基に考える。

事例2－3　わたしだって，やりたかっただけなんだよ

　4人の男女児が積み木で，自動車を作り始めた。4人はイメージが一致しているわけではなく，「僕が運転手さん」と思っているG児（4歳），「家だと思っていたらどうもそうではないらしい」と気づいたH児（4歳）やI児（4歳）。G児と仲良しでG児のイメージを応援しているJ児（4歳）である。なかなか完成しない自動車であったが，いよいよ出発できることになったとき，他の遊びを終えた3人の幼児がそれぞれ「入れて」「私も入りたい」等と仲間入りを希望した。運転手のG児やI児は「もう一杯だからダメ。壊れちゃうから」等と断る。それでも入ってくる幼児に対してG児は膝で押し出すようにして入れない。しかし，H児らの応援で後からきた3人はなんとか車に乗り込めた。車の中は立っていなければならないほどのすし詰め状態である。後から入ったJ児の脚が触れて長い積み木が一つ床に倒れた。「あーあ」と不満そうなG男に対して，後から入ったK児（4歳）は急いで車から降り，積み木を元に戻そうとする。積み木を持ち上げながら「私だって，やりたかっただけなんだよ」とG児に向かってはっきり言う。少しして，G児は運転席から降り，「そんなに簡単じゃないからね。すぐにできないから」と言いながら運転席の部分を崩し，作り直し始めた。車を広くしようとしたのである。

〔事例の考察〕

　この事例から，規範意識の育ちと自立心を読み取ることもできる。自分たちが一所懸命時間をかけて作った車でいよいよ出発できる時に「乗りたい」と乗り込んでくる幼児の気持ちも，「もう一杯で壊れるから」「ぎゅうぎゅうで運転できない」と断る幼児の気持ちも，「いいよ，いいよ，はいりなさいよ」とおおらかに受け入れる幼児の気持ちもそれぞれ大切にしたい。

　最後まで嫌がっていた運転手役のG児が，なぜ自分から大事な運転席をこわして，後から乗り込んできた3人の幼児のために広く作り直したのか。K児がはっきりと，素直に，自分の気持ちをG児にぶつけたからではないだろうか。規範意識の芽生えを育てるとき，一人一人の子どもが自分の気持ちを率直に表し合うこと，そのことをきちんと互いに受け止め感じ取ることがまず先になければ，大人から見て望ましい行動をするように仕向けることになってしまう。他児への思いやりは，一人一人の自立心がまず基本になければならない。

写真2－1　積み木遊びの様子

演習課題

課題6：事例中の「私だって，やりたかっただけなんだよ」と言ったK児の気持ちについて考え，どんな気持ちなのか言葉にしてみよう。

事例2－4　スーパーマーケットでの買い物

　5歳児の宿泊保育でのこと。主体的に考え行動してほしいとの願いから，宿泊保育の夕食作りをグループ毎に行うことにした。グループ毎のテント張り，買い物から調理まで自分たちで行うカレーライス作り。すべてを自分たちで計画し，開始時間も活動の順番もすべてグループで考えて行う。各グループには担当の保育者が1名ずつ付いているが，指示はしない。

　なかなか動き出さなかったAグループが，やっと買い物に出かけることになった。園の近くのスーパーマーケットで材料を買う。お店の近くに来ると幼児たちは一斉に走り出した。店に走り込みジャガイモコーナーへ。「これがいい」「こっちの方が大きい」とあちこち触ったり，陳列された山から掘り出したりして品定めをする。次は肉のコーナーへまた走る。そうやって，材料を買い，園に戻ってきた。

〔事例の考察〕

　　　幼児たちは，自分たちで考え行動している。意欲的である。主体的に行動している。しかし，この事例のように園外にでかける活動は「子どもが自分で，自分から行動する」だけで良いのだろうか。スーパーマーケットにはほかの客もいただろう。危険ではなかっただろうか。ジャガイモやニンジンの品定めであちこち品物に触ることで品物に傷がつかなかったのか。ていねいに扱うことを知らせたい。入口でカゴをとって，走らないで静かに目指すコーナーに行くことを知らせたい。マナーを伝えることも園外に出る際の重要な教育内容だと考える。

●演習課題

課題7：幼児が，地域の図書館にでかけて自分の好きな絵本を借りてくる活動で，どんな人と出会い，どんな学びが生じる可能性があるのか整理してみよう。領域「人間関係」の「ねらい及び内容」ともつなげて考えてみよう。

事例2－5　高齢者施設への訪問

　5歳児が近所にある高齢者施設を定期的に訪問し，そこの利用者さんと交流をしてきた。2月の末になって，いよいよ最後の訪問の日を迎えた。来年度への引き継ぎもかねて，今回は年中組も参加する。施設の広さを考えて，半数の幼児が訪問し，残りの幼児は報告を聞くことにした。その日は，自分たちが折り紙で作ったつるし雛（ひな）の飾りをプレゼントとして持参する。

　施設に到着すると，すでに利用者の方々が待っていてくれた。年長児が前に立ち，今日が最後で4月からは新しい年長組がくること，雛飾りを受け取って欲しいこと等を交替で伝えた。その後，皆で歌を歌って，最後に握手をして帰った。握手をしながら，幼児も利用者の方もそれぞれはにかんだり嬉しそうにしたりしている。特に孫のような感覚になるのか，愛おしそうに幼児た

ち一人一人に声をかけ，握手する姿が印象的だ。握手をする瞬間に，高齢者の表情にサッと赤味がさし，感情が動く様子がはっきりわかる。中には感極まってタオルで涙をぬぐう人もいる。

　園に帰って簡単に報告をすると，留守番の幼児たちから次々質問が出る。「お雛様喜んでくれた？」「なんて言って喜んでいた？」「一緒に何の歌うたったの？」「おじいちゃんたち，歌えた？」「今日で最後だって言ったら，なんて言ってた？」等，聞きたいことがたくさん出てくる。「何をしたか」だけでなく「どんな様子だったのか，どんな反応だったのか，喜んでいたのか」を知りたがっている。また，「握手したとき，どうだった？」と尋ねられ訪問組の幼児が，「手がね，冷たかった」と答え，他の幼児もうなずいていた。園長の話によると，この園ではこのような交流活動が行われるようになって，その高齢者施設のバスを見かけると，喜んで幼児たちが手を振るとのことである。

〔事例の考察〕

　年長組の一年間，月に一度程度だが，訪問を積み重ねたからこそ，相手の気持ちへの思いが生まれるのだろう。交流が単なる一度か二度のイベントで終わるのではなく，継続することの大切さがわかる。

　握手のときに「手が冷たかった」と答えた幼児がいたように，幼児は皮膚感覚でも相手をとらえている。文字とおり「触れ合う」交流が大切ではないか。小学生との交流活動にも同様のことがいえるのではないか。

● 演習課題

課題8：小学生と5歳児が一緒に交流する活動を考えてみよう。なぜその活動がよいのか，理由を考えよう。

課題9：「幼児期の終わりまでに育ってほしい姿」[7]に示されている10の姿について，幼児期の人間関係の育ちとどのように関連しているか，具体的な姿と結びつけながら整理してみよう。

● 参考文献

谷川俊太郎 ぶん，長 新太 え『わたし』福音館書店，1981.

友定啓子・青木久子『領域研究の現在〈人間関係〉』萌文書林，2017.

平山許江『領域研究の現在〈環境〉』萌文書林，2013.

*7　幼稚園教育要領には，「幼稚園教育において育みたい資質・能力」及び「幼児期の終わりまでに育ってほしい姿」が示されている（第1章　総則　第2）。三つの「資質・能力」や10の「育ってほしい姿」が示された背景には，幼児教育と小学校教育の連携だけでなく，幼稚園から小・中・高等学校へと教育が一貫してつながることが意識されている。また，主に小学校との連携を進めるうえで，幼児教育の終わり頃の幼児の具体的な育ちの姿を保育者と小学校教員が共有していることが必要であると考えられたからである。

コラム　　手のつなぎ方に見える人間関係

●その1

　保育者は「はい，お友だちと手をつなぎましょう」等といとも簡単に子どもたちに呼びかける。しかし子どもにとって，子ども同士が誰とでも手をつなぐことはそう簡単なことではないようだ。幼稚園3年保育3歳児。ようやく仲良しらしき相手が見つかってきた頃のこと。

　滑ってはまた昇り，滑ってはまた昇り，を嬉しそうに繰り返していた2名の女児が，幅広すべり台の上で並んで，今にも滑ろうとする姿勢のままでいる。何をしているのかと目を凝らしてみると，どうやら2人で一緒に並んで滑り降りたいらしい。ところがなかなか2人は滑らない。手をつなごうとしてお互いに手を伸ばすのだが，手の重なり具合がそれぞれ自分の思うようにならないので，もめていることがわかった。どちらが相手の手の上になるのかでもめているのである。

　大人と手をつなぐときには，多分大人が子どもに合わせているのだろうが，子ども同士ではそうはいかない。

●その2

　毎朝，門のところで親子を迎える。登園する親子は手をつなぎ，見通しの良い緩い坂道をゆっくり上ってくる。親子の表情もいろいろであるが（おおむね，笑顔），親子の手のつなぎ方に注意を向けて観察することがある。親子の関係が見えてくることがあるから。子どもが母親の手や腕を必死でつかむつなぎ方（①）に子どもの不安な気持ちが見える。必死でつかもうとする子どもの手を無意識なのだろうが，放そうとしている母親の手（②）を見ることもある。逃げ出さないように，登園を嫌がる子どもの手をしっかりとにぎる母親の手（③）を見ることもある。

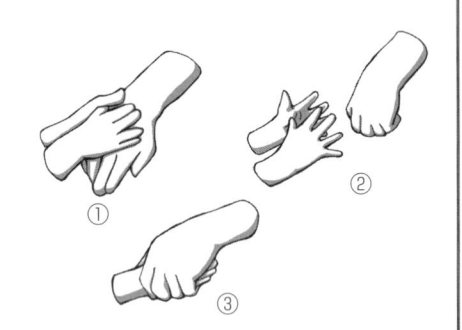

第3章 子どもを取り巻く人々と人間関係

子どもが日々の生活の中で，人と関わる場面は多様にある。一日の生活の中で考えてみると，家庭（保護者，きょうだい，祖父母等），地域の人々，園内外の友だちや年齢の異なる子ども，園内外の様々な職種や立場の大人等と出会い，関わっている。この章では，子どもが園内や園外の場所において，周囲の人々とどのように関わり，経験を積み重ねていくのか，また保育者（幼稚園教諭，保育士，保育教諭をいう）としてその関わりをどのようにとらえていくことが必要なのかを考えていく。

1 様々な視点でみる人との関わり

（1）あなたの周りの人間関係

まずは，あなたを取り巻く人間関係について考えてみよう。図3-1のようにあなたを中心として関わる人や，参加している共同体を記入してみると，様々な人々との関わりがみえてくるであろう。日々の生活ではあまり意識していないかもしれないが，私たちは多くの人と関わっているのである。

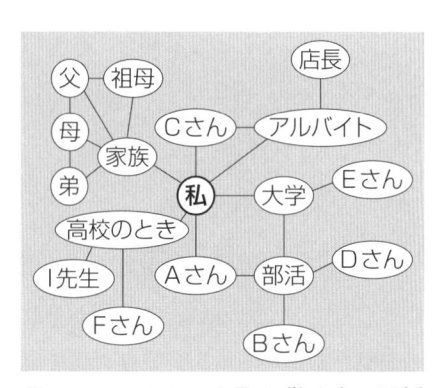

図3-1 あなたを取り巻く人間関係

あなたの振る舞い方はいつもどの人でも同じだろうか。関わる人や参加する共同体での役割や関係性によって，人との関わり方は変化し，あなたの振る舞い方も変わってくるはずである。このように，人と関わるということは単純に誰かとコミュニケーションが取れるようになるということではない。その共同体のあり様や自身の参加の仕方等，そ

の状況によって様々な関係性があり，その中での学びも様々であるということを理解したうえで，子どもの関わりをみていこう。

（2）様々な人と出会う環境の重要性

あなたが育ってきた環境や子どもの頃に遊んでいた原風景を思い出してみると，必ずしも幼稚園や保育園，学校での経験ばかりでなく，家庭や地域，その他の共同体での風景が浮かんでくるのではないだろうか。そこには，同年代の人々だけでなく様々な年齢の人や専門性を有する人との出会いがあったはずだ。人が育っていくためには多くの人々との出会いが欠かせないことがわかるだろう。

近年は少子化，核家族化，都市化，高度情報化等の社会構造の中で育つ子どもたちは，幅広い世代との交流，異年齢の子どもたちとの出会い，地域の人材や文化との触れ合いが希薄であることが指摘されている[1]。子どもの生活を支えている就学前保育・教育施設（幼稚園，保育所，認定こども園をいう）において，子どもが多様な他者と関わる場面や場所を用意することは保育内容として欠かせないこととなっている。子どもの生活圏にある地域の人材を生かし，保育内容を豊かに計画していくことが特に重要視されている。

（3）人と関わる計画と関わりを理解する視点

上述のように，他者と直接に関わるということ自体が希薄だとされている今日においては，園生活の中で子どもが多くの人と関わりをもつ機会を用意することが必要となってくる。現代の子どもが育つために必要な人との関わりについて，見通しをもって計画し，教育課程等に示したうえで具体的に実践していく必要がある。例えば，乳幼児，小・中・高・大学生，保護者や地域の人々，高齢者や障がいのある人，異なる文化を背景にして暮らす人等，子どもが生きていく社会で暮らしている多くの他者と関わる機会を計画することが大切である。

しかし，保育者はただ大勢の人と関わるような企画をたくさん用意すればよいということではない。子どもがそれらの人々と関わる中でどのような気付きや発見をしているのか，遊びの中で他者や自然と関わっている姿や，その関係性はどうか。日頃の遊びや生活場面，行事等での関わりやその前後の姿等を丁寧にみることによって，子どもが人と関わることを読み解き，子ども理解を深めていく必要がある。

2　家庭を中心とした子どもの人間関係

　保育者は，子どもの家庭での様子を，なかなか把握することができない。保育者は園での子どもの言動の端々から想像したり，保護者に尋ねてみたりすることで家庭での様子を感じようと努力している。このように直接的にはみえてこない家庭での生活や人との関わりを理解しようとすることは，その子どもの理解を一層深めることにつながるのである。

　この節では，家庭で過ごすA児（2歳1か月）の様子から，子どもを取り巻く人との関係についてみていくことにする。なお，本章事例内のA児はすべて同一の人物である。

（1）保護者との関係

　保護者と子どもは家庭でどのように遊んでいるのか。また遊びからどのような親子のやりとりや関係がみえてくるだろうか。事例から読み取ってみよう。

> **事例3−1　石と一緒に滑る（A児　2歳1か月）**
>
> 　最近A児は石を拾うのが好きで散歩に行くと石を拾って帰ってくる。この日は近所の公園に散歩に出かけるとA児は石を持ったまま坂道にあるローラーすべり台を滑った。A児は握りしめていた石を自分の隣に置いて滑った。すると石もA児と一緒に転がり出した。A児はうれしそうに母親の顔を見ながら何度も石と一緒にすべり台を滑っていた。見ていた母親も石が一緒に滑ることに驚き「一緒だねー」と声をかけ，その面白さを共に味わっていた。

　この情景が思い浮かぶであろうか。A児が大好きな石と一緒にすべり台を滑ろうとする姿，一緒に滑ることができてうれしそうな姿，そのことを母親に表情やしぐさで伝えようとする姿。A児はその面白さ，不思議さを存分に味わい，何度も滑っている。その傍らには母親の姿があり，A児のしていること，感じていることを共に面白がり，驚き，うれしがっている。このように子どもの面白さを共有する母親との対話が日常の中で起こっているのである。

写真3−1　石と一緒に

　この事例から考えられるもう一つ重要な視点は，モノとの関わりについてである。A児の石（モノ）への思いは人への愛着と同じくらい大事な関係であることも感じられるだろう。A児の石への思いが，石と対話する姿勢からみえて

くるように，人だけでなくモノ（石）であってもかけがえのない関係性を育むうえで大切なやりとりが起こっているのである。

（2）きょうだいとの関係

写真3－2　真似て滑る

家庭生活の中で，きょうだいとの関わりは大きな影響を及ぼしている。毎日を共に過ごす中で，互いに影響を及ぼし合い，またそれぞれの発育・発達の過程によっては，自分本位ではうまくいかない生活経験をする。きょうだい関係に焦点を当ててその子どもの関わりをみていくことは，関わり方の特徴や変化をとらえるうえで大切なことである。

事例3－2　きょうだいとプールで（A児　3歳児）

A児は夏休みに，母親と姉と共に市営プールでの水遊びを毎週のように楽しんだ。乳児の頃から水遊びは好きであったが，広いプールでも水を怖がる素振りはなく，何度も5歳児の姉と一緒にすべり台を滑り降りていた。姉と一緒に様々な格好で滑り降りてみたり，少し泳げるようになってきた姉の姿を真似して，泳ごうとしている。「みてて」と自ら面白い滑り方を考え，姉に見せる等して一緒に笑い合っている。

A児は，姉の姿に影響を受けたり，真似しながら泳ぐことを楽しんでいる。そこから自分なりに考えた滑り方を示し，そのことを姉も受けて一緒に楽しむ姿がある。このような毎日を共に過ごしているきょうだい関係は，互いに影響を受け合い，思いを表現したり汲み取ったりすることが日常的に起こる関係性である。保育者が，家庭内でのきょうだいを含めた関係性の中で，どのような生活の流れが展開されているのかを考えてみると，子どもの理解に一層つながるだろう。

（3）祖父母やいとことの関係

祖父母やいとこ等は，子どもにとって近しい存在である。住んでいる場所や会う頻度によりその親密さは異なってくるが，普段一緒に暮らしていない場合は定期的に出会う親しい人となる。それらの人々との関係が子どもにとってどのような影響があるだろうか。

事例3－3　祖父母，いとことの関わり（A児　3歳児）

A児は夏休みや冬休み，連休になると祖父母のところに泊まりにいく。A児は祖父母と一緒に水族館に出かけたり，餅つきをしたりと自宅とは違う体験を祖父母と一緒にしている。A児は日本舞踊が趣味の祖母が着物を着た姿に出会ったり，セーターを編んでいる姿をみたりしている。また小学生のいとことは，普段行わないビー玉を転がす玩具やカードゲームをしたり，大好きな鉄道の車庫見学に一緒に行ったりした。

日常の生活では頻繁（ひんぱん）に交流しない関係であっても，長期の休みや連休等には，祖父母やいとこ等との関係が生まれることがある。毎日は会えないが時々出会う大切な人々である。祖父母との関係では，普段の家庭生活とは違う生活様式や趣味が存在する等，子どもにとって新たな環境との出会いになることが多い。事例中の祖母の和装や

写真3－3　いとこと車庫見学

編み物のような文化的な営みにふれることは，A児と祖母との人間関係においても，祖母のもつ文化的な世界を理解するうえでも深い経験を導き出す。

また，いとこ等との関わりにおいても普段出会わない遊び等，新たな面白い世界を見せてくれたり，A児の好きな鉄道の世界をより理解しつつ，A児よりも一歩抜きんでた知識を与えてくれたりする存在としての憧れを生み出す関係となることもある。このように，異なる年齢の親族との出会いは，子どもの人との関わり方も含め，大きな経験の機会となっているのである。

3　園を中心とした様々な人間関係

次にクラスの友だちや園内で出会う保育者等の大人との人間関係を家庭を中心とした人間関係との違いに注目しながら，遊びの事例を中心に考えていく。

（1）様々な子ども同士のつながりと広がり

園内では，子ども同士が関わり合うきっかけがいくつも存在する。その関わりが生まれてきた事例を通して，子ども同士のつながりや広がりについて，またそれを支える保育者同士の関係についても考えていく。

1）面白さに惹きつけられていく関係から

事例3－4　たらいをひっくり返す（3歳児クラス 20名　5月）

砂場道具を洗い終わった後のたらいの水を保育者がひっくり返すと，園庭に水が流れ，水路ができる。A児は「流れてるー」と驚きの声を上げ，白い砂の色が黒くじわじわと変わりながら進む水の流れに視線を落とし追いかけていく。その楽しそうな姿に引き寄せられてB児等，大勢が見に来る。A児の視線の先を他児も確認しつつ見つめ，A児の楽しんでいることを一緒に楽しんでいる。水のすぐ近くでも，少し遠くのテラスからも皆が水の進む先を注視している。

　　人間関係というと直接的な人と人との関わりのことをまず思い浮かべるであろう。しかし，直接的に関わる関係だけでなく，事例のように遊びの面白さに惹きつけられていくことにより，その人に関心を寄せたり，その人をわかろうとすることが起こるのである。遊びの中で起こる出来事は，このように人が人を理解しようとするきっかけや，同じ場所で共に楽しんでいく姿を誘発するのである。保育者がA児の様子に誘発された他児の姿に焦点を当ててみると，新たな関わりがみえてくることにつながる。

2）共感していく関係から

事例3－5　いいね！　いいね！（3歳児クラス　6月）

写真3－4　ホースをつなげて

　　保育者は流れる水に興味・関心がある子どもたちのために透明のホースを用意した。特にA児とB児は他児と比べると水が高いところから低いところへ流れることを理解しており，ホースを取り付ける位置を保育者に提案する等，探求する意欲が感じられた。

　　B児がA児に「もっと（ホースを）長くしない？」と提案するとA児は「いいね！　いいね！」と答え，保育者と一緒に長い筒状のものを探しに行く。教材庫から見つけてくると，ホースと筒をテープでつなげようと一緒に取り組み始める。「合体していいね！」と2人でのやりとりが多くなる。A児とB児がここまでやりとりをしながら遊ぶことは初めてだった。

　　事例では保育者が用意した透明のホースへの興味関心から，A児とB児のやりとりが始まっている。それまで2人は特に仲のよい関係ではなかったが，透明なホースの中の水の流れの面白さを共有することから，この遊びへの探求を共に進めだしている。思いついたことを言葉にし，それに対して「いいね！　いいね！」と共感する姿から，人と一緒に遊びを進めていくことにより，一層の

面白さを味わっていることが感じられる。このような関わりが，特定の他者と仲のよい関係を築いたり互いのよさを知り，認めていく関係へと発展するのである。

3）他の遊びとの連結で関係や関わりが広がる

事例3－6　水流しとジュース屋さんのコラボレーション（3歳児クラス　6月）

絵の具での色水遊びをジュース屋さんのイメージでC児，D児，E児，F児等の女児が楽しんでいる。C児が「ジュースがでてくるところがあればいいんじゃない」と提案すると，D児が「あれ使ったら？」と，A児らがテラスで遊んでいる透明ホースでの水流しを指さす。保育者も一緒にA児らにその提案を話しに行く。A児らは「いいねえ」と喜び，テラスでのジュース流しへ発展する。女児たちはジュースが流れることを喜び，A児らは「色ついてるとよく見えるね」と流れが見えやすいことを喜ぶ。

最近，多くの子どもが水での遊びを楽しんでいて，水での遊びがクラス内で共通の話題となることが多くなる。水の流れで面白いことが起こるとA児のことを「Aちゃん，ちょっと来てすごいよ！」と名前を呼んで関わることが増えてきた。水のことはA児が好きだから，A児に教えてあげようとしているのだろう。

事例のように新たな子ども同士の関わりは，遊びと遊びが出会うことによって生まれてくる。ジュースがホースの中を見えて流れてくることは魅力的な遊びである。3歳児の場合，一緒に遊んでいても共通の目的を皆で共有するというよりも，それぞれの興味・関心を中心に面白がっていることがみえてくる。一般的に年齢が上がり遊びが構成されていくと，ジュースを売る等の目的を共有したり，それぞれの役割を分担しながら，イメージを伝えたり友だち同士で意見を出し合ったりと，調整や交渉しながら遊びを進めていくことが起こる。

また，好きな遊びを通して他児と関わっていくことにより，その子どもの特徴やパーソナリティーに気付く。クラスの友だちが水の流れに関して面白いことが起こっていることをA児に伝えたいという思いは，A児が好きなことを理解し，A児の身になってみると，これを知ったらA児は本当に喜ぶだろうという他者の気持ちの理解のうえに成り立っていることがわかる。好きな遊びに没頭することが，一人一人固有の他者理解にとって大切なことだとみえてくる。

4）異年齢・卒園児との関わり

事例3－7　５歳児と小学生と（預かり保育　7月）

写真3－5　５歳児と小学生と

A児（3歳）は7月に新たに始まったウッドデッキでのダイナミックな水路づくりにも興味を示し参加した。その日の預かり保育で，A児はホースがたわんだところでは水が止まってしまうことに気付きどうしようかと保育者と話した。すると，５歳児のG児たちは上からどんどん水を入れれば大丈夫だと言い，2階に水を運ぶ。勢いよく飛び出す水にA児は「すごいね！」と保育者に話した。勢いよく飛び出す水のために下のタライに上手く水が入らないとA児が困っていると，小学生ボランティアの男児がガムテープでホースの微妙な角度を調整した。A児はその様子をじっと見ながら「どうしてそのようにテープを貼るのか」ということを小学生に何度も質問していた。

　A児は，水を流す遊びの中で様々な人と出会い，その面白さを探求している。この事例では，年上の子どもとの関わりにより，新たな考えや知恵，技能を知り，そのことをわかろうとしている姿が見られる。このように，同じ遊びに向かう中での異年齢児との関わりが，新たな学びを生み出したり，人への憧れを生み出したりしている。

　この園のように卒園した子どもとも継続的な関係性をもつような仕組みも，多様な人間関係を生み出す上で大切である。園児にとってモデルとなる行為や憧れを生むよい影響があるだけでなく，卒園生同士も小学校での関係性とは違う子ども集団での振る舞いに学びや育ちの視点が生まれてくる場合がある。

（2）園内で出会う様々な大人との関わり

　子どもにとって園で働く人は，とても身近な親しみのある人である。そこでの大人の姿は子どもの憧れを生み，子どもの遊びへの動機や意欲に大きな影響を与える。子どもは他者の実践を真似て自分の中に経験を取り込もうとすることから，子どもにとって園生活を共にしている大人の働く姿勢は何より魅力的で興味深いことを保育者は理解しておく必要がある。

1）担任保育者

　担任保育者は子どもが頼りにする一番身近な存在となる人である。特に入園や進級当初は，子どもの不安な気持ちに共感し安心感を与える存在となりながら，子どもと一緒に驚いたり，喜んだりし，その子どもの気持と共に楽しむ

姿勢をもつことが大切である。つまり二人称的な関わりが重要なのである[*1]。

このように保育者は二人称的な関わりにより，子どもにとって保育者が保護者以外の大人としてかけがえのない頼りになる存在として徐々に位置付いていくのである。

＊1　第1章（p.8〜）を参照。

2）担任保育者以外の保育に関わる職員

園生活では，担任保育者がすべての場面においてクラスの子どもの状況を把握していなければならないわけではなく，他の保育者と連携を取りつつ保育を進めている。担任以外の保育者との出会いは，保育者の個性やその子どもとの関係性によって，関わり方や援助の方法が異なるため，遊びの展開も変化する。また，多様な保育者との関わりにより，新たな遊びの展開へと広がったり，周囲の新たな人との関わりが生まれたりする。このような園全体として子どもの遊びを見守り，連携を取りつつ，それぞれ保育者の個性が生きた関わりが大切にされる風土が，子どもの関係性の育ちに影響を与えているのである。また，様々な保育者の視点から子どもを見ることにより，子ども理解が多角的に深められていくことにつながっていく。

保育者の視点が子ども同士や自分との関係の中での出来事にのみ焦点化していると，園内で働く様々な人との出会いやそこでの経験を周辺的な事柄と考え，取り立ててみようとしないことがある。保育者は日々の生活場面の中で起こっているあらゆる人々との関係にも焦点を当てて，子どもの側から大人を見る目（視点）を感じていく必要がある。

園で子どもと関わる大人は必ずしも保育者だけではなく，その立場や役割に応じて，子どもに関わっている大人が存在する。例えば，用務員，看護師，栄養士，調理員，事務職員，送迎バスの運転手等である。担任保育者以外とも子どもは様々な機会に年齢や性別や雰囲気の異なる大人と関係をもち，生活を送っている。時にはその職種の専門性に触れ，理解を深めることもある。このような園内の様々な人との出来事をそれぞれの保育者がとらえ，重要な育ちの場面として意識していくことが必要である。

3）保護者ボランティア

日常の保育場面や行事において保護者が参画する場面が多くある。例えば，絵本の読み聞かせや園芸や音楽等のサークル，バザーや芋ほり等の行事の手伝い等である。写真3−6は，保護者が行った影絵の上演会後に，子どもたちが遊びの中で影絵を楽しんでいるところである。保護者の姿に影響を受けて，自分なりに絵を描いて映すことにより，光と影の不思議さや面白さを感じ，試行

写真3－6　影絵の上演

錯誤を繰り返して上演に至っている。園内で様々な人が活躍することが，子どもの新たな興味や意欲につながり，新たな探求や関係性をも生み出しているのである。

　このように，園が保護者の力を借りて，保育を展開していく意図は，単に子どもの活動を円滑に進めていくためのお手伝いということだけではない。保護者が保育の実際を体感し，子ども同士の関わりや育ち，子どもが活動を通して経験している内容を理解する機会にしてほしいと考えている。加えて，保護者同士が共に活動することにより保護者同士の関係性が構築され，保育を支える保護者同士の良好な関係が生まれてくる。

4　地域の人々との連携

（1）様々な施設との顔の見える連携

　就学前保育・教育施設は，地域で育っていく子どもを支えていく拠点としての役割が求められ，小規模保育や一時保育，子育て支援センター，在宅での子育て家庭等と連携し，子どもの育ちや学びへの積極的な取り組みや相互の関わりが求められている。また他の保育施設，小学校，中学校，高校等，地域の学校とも連携し，幼保小連携や職業体験等，様々な取り組みにより多様な関わりが生まれるようにすることが求められている。これは，園が園内のみで様々なメニューを増やして保育内容に組み込み，活動を多く提供していくということだけではなく，地域共生の視点をもち，園外の様々な人々と連携した活動を行っていくということである。

　園に地域の人々を受け入れていく例をあげると，保護者が園行事や園内のボランティア等へ参加したり，子育て支援として地域の親子を招き入れたり，卒園生や職業体験等の小中高校生を受け入れたり，園芸や手芸や舞踊等を得意とする地域の人と共に活動したりする等がある。人々との出会いが希薄な現代において，子どもにとってだけでなく，すべての人々にとって貴重な他者との交流の場となる。

　園外での活動の実践例では，年長児が手紙のやりとりを楽しんでいたことをきっかけとして郵便局に郵便の仕組みを調べに行ったり，アイスクリーム屋さんごっこが発展して“より本物らしいアイス屋さんの探求”のために実際の店

舗に疑問点を聞きに行ったり，星や宇宙に興味がある子どもたちが科学館に質問の手紙を送ってやりとりが始まったり等がある。地域の人材，行事，商店，公共施設等と子どもの遊びが結びつくことで，子どもが実社会での文化的な実践を理解する体験につながる。

　地域との関わりは行事のように年間計画として交流を進めていくものもあるが，些細なことをきっかけに始まることも多い。普段から周囲の施設や人々と身近な関わり合いをしていることにより，子どもの興味・関心に即したタイミングでの関わり合いが生まれてくる。重要なことは施設と施設との形骸化された連携ではなく，保育者同士や地域の人々と顔の見える関係性を構築することである。保育者は，子どもが何を知りたがっているのか，保育者として何を経験してほしいと考えているのかを地域の人々に示しつつ連携を図ることにより，子どもにとって必要感のある意義深い関わりにつながるのである。

（2）多様性を生かす保育

　子どもには多くの個性が存在する。個々に興味・関心も性格も体格も考え方も異なる子どもたちが集まっているからこそ，園生活は面白く，子ども同士が影響を受け合いながら育ち合っていく。同様に保育者や保護者や地域の人々も多様な個性が存在し，興味・関心や物事をとらえる視点や専門性も異なっている。これからの保育現場では，子どもと共にこのような多様な人々が交わり，園生活を創りだしていくことが求められている。

　また，保育においては子どもの人権に十分に配慮すると共に，子ども一人一人の人格を尊重した保育が求められている。外国にルーツをもつ子どもやアレルギーをもつ子どもや特別に支援が必要な子ども（特別な権利を有する子ども）等，個別の配慮を受けつつ個々の特性が生かされ，子ども同士が影響し合い，響き合って育っていく保育の展開が求められているのである。

● 演習課題

課題1：少子化，核家族化，都市化，情報化等が子どもの育ちに与える影響について調べてみよう。

課題2：乳幼児期の子どもが一日の生活の中で，どのような場面でどのような人々と関わるか，具体的に考えてみよう。

課題3：ひとつの遊びを決めて（ままごと，どろだんご作り，お店やさんごっこ，電車ごっこ等），その遊びの中でどのような人との関わりがあるか考えてみよう。また，その関わりを支えるために保育者が行う援助について考えてみよう。

コラム　子どもの気持ちが理解できない―なんで集まってくれないの―

　保育現場で自分の意図しない行動をする子どもに出会うと，「どうして？」と理解し難いと感じることがあるでしょう。理解し難いのは，どこに原因があるのでしょうか。以下の実習生のエピソードから考えてみましょう。

●なんで集まらないの？

　帰りの準備の身支度をして，みんなで集まって絵本を読もうとしたとき，今まで私のすぐ近くに座っていたＡ児（4歳）が，さっと保育室の隅まで行って別のことを始めました。「Ａちゃん，ぐりとぐらの絵本が始まるよ」と声をかけて一緒に見ようと促しましたが，聞こえていないような感じでいました。どうしてそんな行動をしたのかよくわかりませんでした。みんなと絵本を味わいたかったのに，残念な気持ちになりました。

　実習生はＡ児の行為の理由についていろいろ考えてみますが，なかなか理由はわかりませんでした。またその時の対応の仕方についても，理由はどうであれ「Ａちゃん，今はみんなで集まるときだから」と強引に連れてくることもできたかもしれないし…といろいろと考え，正解を導き出せないと悩んでいました。

●心もち

　倉橋は，『育ての心』の「廊下で」でという文章で，以下のように綴っています。

　「泣いている子がある。涙は拭いてやる。泣いてはいけないという。なぜ泣くのと尋ねる。弱虫ねえという。……随分いろいろのことはいいもし，してやりもするが，ただ一つしてやらないことがある。泣かずにいられない心もちへの共感である。

　お世話になる先生，お手数をかける先生，それは有り難い先生である。しかし有り難い先生よりも，もっとほしいのはうれしい先生である。そのうれしい先生はその時々の心もちに共感してくれる先生である*」

　倉橋は，子どもの側から見るとまず「そうせざるにはいられない子どもの心もちへの共感」が保育者として必要であることを述べています。つまり共感的な関わりであり，第1章で述べている「二人称的な関わり」が大切だということです。

　上記の事例でのＡ児の行為を人間関係的な視点から分析的にとらえようとすると，実習生との関係，周囲の友だちとの関係，大勢の集団との関係，迎えに来る保護者との関係，絵本の内容との関係等，いろいろな可能性が考えられますし，そのどれでもないかもしれません。Ａ児の理解を深めるためには，まずは分析的に見ようとし過ぎずに，「二人称的関わり」を心がける必要があるでしょう。そうすると，まずあなた自身が子どもの「訴え」を聴く姿勢となり，見えてくる子どもの世界からその子どもの理解が深まることにつながるでしょう。

＊　倉橋惣三『育ての心（下）』フレーベル館　2008, p.35.

第4章 乳児保育における人間関係

本章の前半は，家庭での乳児と養育者とのやりとりについての事例を取り上げる。乳児と養育者の間に愛着が形成される過程と，その前提として乳児が人との関わりをもちやすいよう，生得的に備えている力について述べる。

後半は，保育所の1歳児クラスの事例を取り上げる。人的環境としての保育者（保育士，保育教諭をいう）が子どもの拠り所として果たす機能や，子どもにとっての他児とのやりとりがもつ意味を踏まえ，それらを保障する保育担当制についても触れる。

まず，乳児保育という言葉から説明したい。乳児保育といったとき，その保育の対象はどの年齢までを指すと考えたらよいだろうか。乳児といったとき，例えば「児童福祉法」や「母子保健法」においては「出生より満1歳に達するまでの者」とされる。しかしながら，保育所においては0歳児，1歳児，2歳児，すなわち3歳未満児を対象として，乳児保育と呼ばれる場合が多い。これは3歳未満児を対象とする保育を一般の保育と区別して乳児保育と呼んでいた慣習によるものである。ここでもその慣習に従い，3歳未満児を乳児保育ととらえたい。よってこの章では，3歳未満児を中心として保育所や認定こども園における子どもの人間関係を中心に述べていく。

1 乳児の人間関係はどのように発達するのか

（1）人間の乳児のもつ，周りの人との関わりのもちやすさ

人間の乳児は周囲の人と関わりをもちやすいといわれる。松沢哲郎は，仰向けで安定していることは人の乳児に特有のことであること，それによって周囲の養育者が仰向けに寝た乳児に微笑みかけたり，声をかけたり，目を合わせる

＊1　ニホンザルは子どもを抱いているが，ニホンザルの親子は見つめ合わない。ニホンザルの親子の写真を見るとわかるが，子どもはお母さんの胸にぴったりとくっついていて，見つめ合えない。ニホンザルは，生まれながらにして起き上がり仰向けにしても，反射をして，クルッとうつ伏せの状態になる。仰向けで安定した姿勢をとれない。

松沢哲郎『想像するちから-チンパンジーが教えてくれた人間の心』岩波書店，2011.

＊2　生まれて間もない乳児の視覚は，およそ20〜50cmの距離とされる。この距離はちょうど大人が乳児を抱きかかえながらあやす距離と一致する。

聴覚は，胎児期から機能しており，新生児は音に敏感に反応する傾向がみられる。

嗅覚としての匂いの

といった働きかけができることを述べている[*1]。

人間の乳児が，仰向けで安定していることによって，どのような変化が生まれたのだろう。まず，常に見つめ合う，ほほ笑むことができることである。人間の乳児は，母親だけでなく，父親や祖父母やきょうだいやまわりの人たちから，顔をのぞきこまれるようにできている。

また，声でやりとりすることがあげられる。チンパンジーは，母親がすぐそばにいて呼ぶ必要がないから，夜泣きしない。人間の親子は物理的に離れている場合には，乳児が声を出して泣かないと母親が来てくれない。母親のほうも「○○ちゃん待っててね」と声をかける。

人間は親子が離れていている場合でも乳児は仰向けで安定していられる。その乳児の仰向けの姿勢が，養育者との見つめ合いやほほ笑み合い，声でのやりとりといった周りの人とのコミュニケーションを支える。

（2）乳児の育ちの素地としての人との関わり

乳児は生後しばらくの間，自分で移動することもできず，周囲の手を借りなければ生きていくための栄養摂取や衛生管理をすることができない。そのため，乳児は無力な存在ととらえられがちである。しかし，例えば新生時期の視覚，聴覚，嗅覚，味覚，触覚といった五感は，未熟ながらも確かに機能していることがわかっている[*2]。さらには，相互同期性[*3]（エントレインメント）や共鳴動作[*4]のように，人に対する敏感な感受性が備わって生まれていることもわかっている。

乳児は，人に抱き上げられれば，その感触から寝ている姿勢との違いを認識し，嗅覚で乳の匂いを察知し，視覚から抱いている人の顔をとらえ，その声に反応する力をもって生まれてくるのである。

つまり，乳児は自身の生命を維持することについてはそのほとんどを人に委ねることになるが，自分に関わってくれる周囲の人からは強い刺激を受け続ける存在である。そのようにして乳児が受けた刺激は，やがて乳児が自ら人と関わろうとする力を生み出していく。

このような，乳児が人（他者）と関わりながらその双方にもたらされる刺激や変化を総称して相互作用または相互交渉[*5]と呼んでいる。

乳児には栄養摂取や衛生管理は欠かせない。しかし，ただ栄養を与えて身体を清潔に保つだけでは，乳児は健全に育たないと考えられる。乳児には，日々の生活において周囲の養育者との十分な相互作用があることが，その育ちの根底として非常に大切である。乳児期の十分な養育者との関わりは，その後，乳児の中で人と関わる力となって現れるのである。

認識は未熟といわれるが，母親の乳房の匂いやミルクの匂いには敏感に反応することがわかっている。

味覚は，成人にくらべて未分化だといわれる。しかし，甘味は好み，酸味や苦味は嫌がるような表情をする傾向があるといわれる。

触覚は，新生児期では新生児期反射による強い反応があるため，身体を触られると両手をあげる，両足を曲げたり伸ばしたりする。触られることが乳児の刺激として受け取られていることがわかる。

＊3　相互同期性

生後1〜4日の新生児でも，大人の発話に正確に同期して自分の身体を動かすこと等が知られている。

＊4　共鳴動作

フィールドらは，母親が新生児を見つめてゆっくりと舌を出したり，大きく口を開けたりする等の表情を繰り返すと，新生児が口を動かし始め，やがては母親と同じ表情をすることを見い出した。

Field, T. M. *et al.*, Discrimination and imitation of facial expression by neonates, *Science*, 218, 1981, pp.179-181.

人は生きていく限り，人と関わり続けていかなければならないが，その素地は様々な機能として乳児に生得的に備わっている。しかし，乳児がもつ「人から強く刺激を受ける力」を「人に向かっていく力」へと育んでいくためには，生まれたときから日々，人に関わられることがあってはじめて実を結ぶことなのである。乳児が，人と十分に関わることこそが，乳児保育の原点といえる。

写真4-1 養育者をじっと見つめる（生後2か月）

（3）乳児の人に向かう力—愛着—

表4-1は，A児（男児）の家庭において母親や祖母に対する愛着をどのように築いていくのかを観察したものである。生後6か月頃には，母親の姿が見えなくなると抗議するような声をあげる等，母親と常に一緒にいることを求めている。また，生後8か月頃には，頭をぶつけたときに母親に抱っこされることで安心感を得ている。A児は昼間は主に母親と祖母との生活において，母親と祖母の両方に愛着を形成していくが，泣いたときは母親からの慰めを求める等，母親を主要な養育者と認識していく姿が観察された。

乳児と養育者の間では，泣く・ぐずる→なだめる（あやす）という乳児の感情状態の調整を目的としたやりとりが何度も繰り返される。そのやりとりを通じて，乳児は誰が自分の欲求に応え，護ってくれる人物なのかを認識し，その

＊5 **相互作用または相互交渉**

個と環境が互いに影響し合い，発達に寄与していくという考え方。

表4-1　A児の家庭での母親とのやりとり

0歳2か月と4週目	母親がA児の顔をのぞき込み，「あうー」と声をかけると，母親の顔をジーッと見つめる。母親が「抱っこする？」とA児に両腕を広げて近づくと，A児は（抱っこしてというように）全身を動かす。A児は抱っこされて，母親の胸に口元をつける。 ＊注　おっぱいを探すようかのように口をすぼませている。
0歳6か月と3週目	母親にあやされて，手足をバタバタと動かして喜ぶ。一人でずっと寝かされてると，抗議するような声を出す。母親に抱き起こしてもらい，両脇を支えられて，機嫌よく立つ。A児が起きているときは，一人にすると抗議するような声を出すので，母親はトイレに行く時もA児を抱っこして連れていく。
0歳8か月と2週目	母親がA児に「ねーってやって」「おいちいねー」という声に合わせて，A児は首をかしげてポーズをとる。コンセントに興味をもち，這い這いをして近づき，頭をぶつける。A児は泣きそうな表情になり，そばにきた母親に抱き起こされ，抱っこされて，頭のぶつけたところを母親の胸に押し付ける。じきに顔をあげて，母親にはにかんだような表情を見せる。

人物を自分にとって特別な存在として認識するようになる。こうして，愛着（attachment）と呼ばれる感情の絆を養育者に対して築いていく*6。

ボウルビィは，愛着形成の過程について，愛着行動の発達を4段階に分けて説明している。

＊6　ボウルビィは，「乳幼児と母親（あるいは生涯母親の役割を果たす人物）との人間関係が，親密で継続的で，しかも両者が満足と幸福感に満たされているような状態が精神衛生の根本である」とした。
ジョン ボウルビィ，黒田実郎訳『乳幼児の精神衛生』岩崎学術出版社，1958，p.1.

表4－2　愛着の4つの発達段階

第1段階	識別のない段階での人物の定位と信号行動（生後3か月まで）	近くにいる人全般に，定位行動や信号行動を示す。しかし，乳児が発信する信号行動を特定の養育者によって察知され応答が得られる体験や養育者との相互作用経験は，以降の愛着形成・発達の重要な基盤となる。
第2段階	識別された特定の人物（愛着対象）への定位・信号行動（生後6か月頃まで）	日常よく関わってくれる人とそうでない人を識別し，日常的に関わりの多い特定の人物（養育者）に対して愛着行動を向ける。
第3段階	識別された特定の人物への近接・接近を維持する行動（生後6か月から3歳頃まで）	日常的に関わりの多い人たちの中から1人（多くは母親）を主要な愛着対象に選び，その人物に対して特に，慰めや安心を求めるようになる。そして，その人物が見えなくなると不安から泣き出したり，見知らぬ人には警戒を顕にし，関わりを避けたり（人見知り）するようになる。これらの行動は，特定の養育者に対して愛着が形成されたことを表す。また，1歳前後になり，はいはいや歩行が始めると，養育者の後をついて回る（後追い）など，より能動的な愛着行動を示すようになる。
第4段階	行動目標の修正と協調性の形成（3歳頃以降）	この時期の子どもは感情や意図といった内的状態の理解が進むことと相まって，養育者がどのような意図で，何をしようとしているのかを察し，養育者の行動の予測が立てられるようになる。そして，自分が何かをしようとするときにも，養育者の目標や計画に応じて，適宜自分の目標や行動を修正できるようになる（例えば，一緒に遊んでほしいけれども母親が家事で手を離せないときに，家事が終わるまで待つ等）。ボウルビィはこのような協力関係を，目標修正的な協力性（パートナーシップ）と呼んだ。

出典）庄司順一，他『アタッチメント 子ども虐待・トラウマ・対象喪失・社会的養護をめぐって』明石書店，2008，pp.50-57.

（4）安全基地としての養育者

乳児が養育者のそばにいようとするのは，保護を受けるためであるが，護ってもらうだけでは生き延びていくことはできない。生き延びるためには，周りの環境がどのようなものであるか知り，自ら学ぶこと，つまり，環境の探索を

行うことが必要である。

　生後8・9か月頃になり，はいはいで移動ができるようになると，乳児は自らいろいろな物に近づき，それらを触ったり，なめたり，叩いたり，投げたりして，周りの環境を探索する。その際，乳児は，心身の安全を脅かす様々な出来事（転んで身体を打つ，犬にほえられる等）に出会うが，そこで養育者の元へといったん戻り，安心感を手に入れると，探索活動を再開する。このように養育者を安全基地（secure base：そこに戻れば安心感が得られる活動の拠点）として利用しながら，乳児は周りの環境について学び，行動範囲を広げていく。

2 保育者に求められる役割
─応答性の豊かさ─

（1）保育者の豊かな応答性とは

　現在の保育者（保育士，保育教諭をいう）の役割は，クラスに受け入れた子どもの保育だけではなく，その保護者（親）に対する子育て支援も重要になっている。そこで，乳児保育では，まず子どもとその保護者との安定した愛着の形成に向けてその道筋を保護者にわかりやすく伝え，支援する必要がある（甘え，わがまま，こだわりをどう受け止めていくのか伝えていく等）。子どもの育ちの過程を考えたとき，健全な育ちの基本的条件は，保護者の健全な養育にある。

　そして保育に目を向けるとき，そこでは，保育者が子ども一人一人の心の拠り所になれるよう，個別的な対応をとり，信頼関係を築くことが大切になる。保育者の子どもへの対応においては保育者の豊かな応答性が求められる。

　応答性が豊かであるとは，どういった保育者の関わりを指すのだろうか。近年，3歳までの，子どもの表情やしぐさ等の情動的な手段を用いてのやりとりを通して展開される「子どもからの働きかけ（欲求を読み取って）に応答する」生活が，子どものその後の育ちを大きく方向づけることの重要性がいわれている[7]。

　子どもへの豊かな応答性として，保育者にどのような具体的な関わりが求められるのか。事例を通して，子どもが保育者を基盤にどのように世界をひろげていくのかをみていきたい。

＊7　近年，国際的にも，自尊心や自己制御，忍耐力といった社会情動的スキルやいわゆる非認知能力を乳幼児期に身に付けることが，大人になってからの社会生活に大きな影響があるといった研究成果がある。
　池迫浩子・宮本晃司，ベネッセ教育総合研究所訳『家庭，学校，地域社会における社会情動的スキルの育成：国際的エビデンスのまとめと日本の教育実践・研究に対する示唆（日本語版）』ベネッセ教育総合研究所，OECD，2015．

（2）保育者の子どもへのまなざしの細やかさ

事例4－1　B児の指さし（1歳児クラス）

B児は砂場に腰を下ろしている。保育者がプリンカップを手に取り，砂をカップに入れて型抜きプリンを作る。「Bちゃん，どうぞ」と声をかけると，B児は人指し指で砂のプリンを崩し始める。すぐそばの園舎の壁（2階部分）にプールの水が反射してゆらゆら映っているのを見つける。指でさし示して，小さく「これ」と言いながら保育者の目を見つめる。保育者が壁の光のゆらゆらを見て，B児に「ああ，きれいだね」と伝えると，B児はまた砂のプリンを崩し始める。

　保育者はB児の指さしを受けて，B児の視線の先を追い，B児が何に注目しているか，何を保育者に伝えようとしたかをとらえようとする。B児が壁にプールの水が反射してゆらゆらと映っていることを伝えたいことに気付いて，「ああ，きれいね」と声をかける。B児は満足して，再び砂のプリンを指で崩し始めるが，保育者と一緒に見たことや受け止めてもらったことがB児の満足につながっているし，保育者もB児が満足したことにホッとする。保育者は，B児が何に注目し，何を行おうとしているのか，B児の動きから視線の先まで含めてとらえようとする。それは，子どもの内面までとらえようとする姿である。そして保育者は，B児が保育者に思いを受け止めてもらい満足しているかというところまで，みている。B児が保育者に思いを受け止めてもらって満足する経験を重ねていくことが，B児と保育者との信頼関係が築かれていくことになるからである。

　保育者の応答とは，子どもをただ見るのではなく，子どもの視線の先まで追って，子どもが今何を行おうとしているのかをとらえようとする保育者の姿勢があって成立する。

事例4－2　水遊びで保育者に抱っこを求めるC児（1歳児クラス）

C児は誰も入っていない小さなプールに保育者に抱っこされて（かかえてもらって）座り，おわんにプールの水をすくって入れる。しばらくすると保育者のひざから降りて，プールから出て，大きめのプールに同じクラスの子どもたちが入って遊んでいるのを見る。プールのふちに沿って歩き，保育者のそばにいく。保育者がC児を抱き上げて一緒に大きめのプールに入り，そばに降ろすとC児は，泣きそうな顔になる。保育者は他の子どもたちに水をかけたりしている。C児が両手を上に伸ばして抱っこを求め，保育者が抱き上げる。保育者に抱っこされながら，C児はまわりの様子を見ている。保育者がC児の様子を見て，大丈夫かなとそっと降ろそうとすると泣き出す。保育者は牛乳パックで作ったバケツをC児の手にもたせ，遊びに誘ってみるが，C児は遊ぼうとせずに抱っこを求める。しばらくして，また保育者がC児にバケツを見せると，C児は

「やなのー」とくもった表情で言う。保育者はC児を抱っこして歩き，違うおもちゃを見せるが，C児は「やなのー」と手に取らずに抱っこさされている。たらいの水にカラーボールが浮かんでいて，C児がボールを見たので，保育者がそばに降ろそうとすると降りない。保育者がボールを一つ手に取って，C児に渡すとたらいにボールを落とす。保育者がボールを拾いC児に渡すと，手で取って振る。そこに上のクラスの子どもたちがやって来ると，保育者にしがみついて顔をくしゃくしゃにして泣きそうになる。保育者が「大丈夫だよ」と声をかけ，しばらく抱っこしてあやすと，安心した顔になる。保育者に抱っこされて，まわりで子どもたちが遊ぶ様子を見ている。

　この事例はC児が園に入園して4日目のものである。プールで水遊びを行う場面で，保育者はC児を他の子どもが入っていないプールに座らせてみたり，バケツやボールを渡して遊びたいことを見つけられるように働きかけている。しかし，C児は保育者から離れて，遊び始めようとはしない。上のクラスの子どもたちがやって来ると，泣きそうになって保育者にしがみつく。保育者のひざに座って抱っこされ，まわりの子どものたちの遊ぶ様子を見ている。

　C児にとって家庭を離れて，母親とも離れて，園の生活に馴染むというのは，大変な試練なのだろう。すべてが初めての状況のなかで，不安な気持ちが大きく，安心して遊ぶどころではないC児の姿がある。保育者の存在が拠り所であり，保育者がそばにいる，抱っこするという関わりによって，少しまわりの子どものたちの遊びにも目が向いているといった様子である。

　このとき，保育者はC児が遊び始めるか，C児が抱っこでなくても大丈夫なのか等，C児の様子に常に気を配っている。子どもが安心感をもって園生活を送り，子どもが安心して自分を出して遊ぶことができるための基盤は，保育者との1対1での関係の安定である。そして，子どもの求めを細やかにとらえる保育者のまなざしが必要になる。

写真4-2　友だちから水をもらって（1歳児クラス）

事例4-3　散歩に行き，みんなで電車を見る（1歳児クラス）

　散歩に出かけ，畑のなかの道を通り，線路脇の草っぱらで電車を待つ。みんなでかたまって腰をかけて待つ。遠くから電車が来るのが見えると，保育者が「くるよ」とみんなに声をかける。C児は，電車がくるのがわかるとわくわくした顔になり，電車を見つめ，目の前をすごい風とともに電車が通り過ぎると，「うわー」とうれしそうな笑顔を見せる。電車が行ってしまうと，C児はすごかったねというように保育者の顔を見る。保育者も「Cちゃん，電車きたねー」「まだ，くるよー」と一緒にしゃがんで，顔を合わせて応える。D児がねこじゃらしを取り，こちょこち

> ょと保育者の首や肩に草を向けると，C児もまねをして，ネコジャラシを取る。ねこじゃらしで保育者をくすぐって，保育者がC児に振り向くと，きゃっきゃっと笑う。また，電車がやってくると，線路の方にさらに近寄って網のフェンスから身を乗りだして，電車に笑顔でバイバイと手を振る。

　この事例は，C児がだいぶ保育所の生活に馴染んだ頃のものである。保育者やクラスの子どものたちと散歩に行き，電車をみたり，他児の真似をしてネコジャラシを持ち，保育者をくすぐっている。

　この時期，他児が玩具で遊んでいたり，大人との楽しそうなやりとりをするのをじっと見たり，近づいていこうとする姿が見られる。子どもは，保育者との深い関わりを拠り所とし，安心して他児との関わりや遊びを広げていくのである。

（3）保育者の応答性を保障する担当制

　乳児の基本的生活習慣の形成には，日々の生活において保育者が一人一人の乳児への関わりをより丁寧なものにすることが求められる。そこで，保育所や認定こども園において，一人の保育者が保育にあたる乳児の人数を少なくすることが大切である。家庭は養育者と乳児は1対1に近い状況であり，保育所や認定こども園は集団での生活であるからそこまでは難しい。しかし例えば，0歳児12人を4人の保育者で担当を決めずにみるより，1人の保育者が乳児3人ずつを担当することで，保育者は担当の乳児と長く親密に関わることができる。生活習慣に関わる養護の部分を日々のつながりを踏まえて丁寧に行い，乳児に関わる保育者の担当をある程度固定化することにより，乳児と保育者の関わりがより密接なものとなることを意図して，保育担当制を採用する園が多い。しかし保育担当制にも一長一短がある。

　保育担当制では保育者は，担当する乳児の排泄，食事，睡眠等の生活に関する場面を中心に関わりながら，乳児の状況を詳細に把握して，保護者との連携に努める。保育担当制については，園によって方法に違いがある。担当する乳児を決めずに，生活する中で，ゆるやかに担当が決まっていくという方法も採られている。

　そして，1・2歳児クラスになると，デイリープログラム（生活日課）がクラス全体として行われるようになる中で，役割担当制が行われるようになる。園の1・2歳児クラスで多く導入されている保

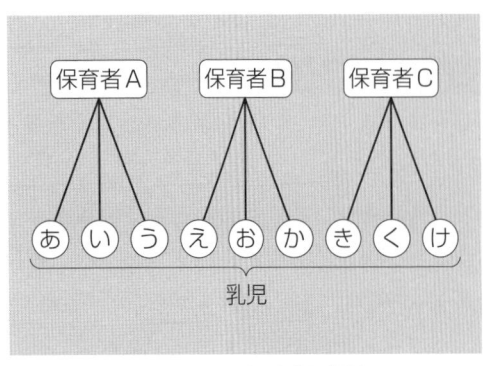

図4－1　保育担当制

育体制である。クラスの子どもが同じ時間帯に同じ日課を行い，同じ時間帯に遊んだり，活動したりするという形態になる。しかしながら，この時期の子どもはまだ自分の身の回りのことが十分に一人でできるわけではなく，食事をする，排泄する，手を洗う，パンツをはく，衣類を着るという行動に保育者の援助が必要である。そのような1・2歳児においてデイリープログラムに沿って生活をすすめるためには，クラス全体の保育をすすめていく役割と，保育の前後の環境設定や整備をする役割等，保育者の役割分担*8が必要となる。例えば，午前のおやつが始まる少し前になると，C保育者はテーブルと椅子の用意にとりかかり，A保育者，B保育者は子どもたちにもうすぐおやつの時間になることを伝え，玩具を一緒に片づけるように促したり，排泄や手洗いに誘い，子どもたちがおやつに向けて準備することを援助する。

　乳児保育については，3歳以上児と比べて，3才未満児にはできるだけ特定の保育者がその保育にあたるように，乳児クラスには多くの保育者が配置されるように配慮されている*9。子どもとの信頼関係を築くためには，着替えや食事といった生活の一つ一つの行為において，保育者が子どもと1対1でかかわる場面でのやりとりにおいて心をこめていく必要がある。保育担当制とは，その実現にむけた保育実践上の配慮や工夫といえる。

3　子どもと保育者との複層的な関係性

　保育所保育指針には，子どもと保育者の関係性を配慮して，次のような記述がある。

> 「担当の保育士が替わる場合には，子どものそれまでの生育歴や発達過程に留意し，職員間で協力して対応すること[1]」

　園では年度を通じて同じ保育者がクラスの担任となるが，子どもの進級時には，別の保育者が配置されることもある。そのような際にも，複数担任のクラスであったならば，進級時に1人は同じ保育者が持ち上がる等の配慮がなされる。昨年度，担任であった保育者も同じ園にいるのならば，早朝や夕方の合同保育の時間帯等に関わりが継続していく。子どもにとっては関わりの密度といった面では深い・浅いといった違いは生じるが，今年度の担任の保育者との関係を深めつつ，昨年度の担任の保育者との関わりも続いていくという，子どもと保育者の複層的な関わりが生まれる。

　0・1・2歳児ほど在所時間が長時間化する傾向にあるといわれる。長時間

*8　保育者が役割分担をする場合，大きく3つの役割がある。

役割A：子どもの前に立ち，デイリープログラムに合わせて保育をすすめる。

役割B：主にAの補助的役割を行う。

役割C：保育の前後場面の環境整備や準備を行う。

*9　「児童福祉施設の設備及び運営に関する基準」により，0，1，2歳及び3歳児の保育士の配置数も定められている。現在，乳児おおむね3人につき保育士1人以上，満1歳以上満3歳に満たない幼児おおむね6人につき保育士1人以上，満3歳以上満4歳に満たない幼児おおむね20人につき保育士1人以上となっている。

1)　厚生労働省『保育所保育指針』〔第2章1（3）オ〕，2017.

＊10　降園時間帯が遅い子どもの就寝時間帯は降園時間帯が早い子どもと比べて相違の幅は小さいかったことが報告されている。

鈴木佐喜子『時代と向きあう保育（下）』ひとなる書房，2004，pp.112-114.

保育については，「親と触れ合う時間がなくなるのではないか」「食事や就寝時間帯が遅くなるなど，子どもの生活リズムに影響があるのではないか」といった心配がなされる＊10。しかし，保護者（親）を取り巻く労働環境の厳しさから，現状は低年齢時からの長時間の保育が必要である。子どもが安定して保育所での生活を過ごせるよう，保育者の細やかなケアが求められているといえる。

● 演習課題

課題1：0・1・2歳児の他者との関係の発達について調べてまとめよう。

課題2：子どもの養育者に向ける実際の愛着行動について，公園等で見かける親子の姿や実習等の経験をもとに，周りの人と話し合ってみよう。

課題3：保育担当制の長所と短所について周りの人と話し合ってみよう。

コラム　　連絡帳を通じた保護者とのやりとり

0歳児クラス　たんぽぽ組　1月22日（水）

[保護者より] 昨日，今日と園から帰るときに自転車に乗るのを嫌がって大泣きでした。子どもの機嫌が治るよう，抱っこして園の周りを一周歩いたりしてみますが泣き止まなくて。Eが泣いているまま自転車に乗せて，何とか家に着いて…。玄関に座り込んで，子どもをしばらく抱っこしたら，Eも元気になりました。

[担任より] 帰る頃は寒いし，暗いですよね。ぐずられたり，泣かれると心配になりますね。Eくんが，ママに甘えられて，元気になり良かったです。一時のことでしょう。

　これは，筆者の子どもが保育園の0歳児クラスのときの担任保育者との連絡帳でのやりとりである。子どもの大泣きが続き，自分が大変だという気持ちばかりに目が向いていた。担任保育者の「ママに甘えられて…良かった」との言葉をもらって，子どもは甘えることができたんだと子どもの目線からこの出来事をとらえることができた。

　連絡帳には，このような保護者と担任保育者が記載する自由記述欄と健康面，授乳，前日の朝食・夕食の内容や食べた量，入浴や睡眠，排泄といった生活に関することが家庭と園との双方から記入される。これらは，子どもの24時間の生活が家庭と園でつながりがあるものになるための大切な連携の基盤となる。また，連絡帳の少ないながらも文章でのやりとりが，保護者の子どもへの見方を新たなものにするという側面もある。連絡帳でのやりとりも，保護者と保育者との信頼関係を築く大切なツールである。

第5章 子どもの遊びと人間関係

保育の基本である遊びは，子どもにとっての学びであるといわれるが，遊びは子どもの人間関係にとってどのような意味があるのだろうか。

本章では，子どもが遊びの中で人との関わりをどのように深め，豊かに育んでいるのか，また，それを支える保育者（幼稚園教諭，保育士，保育教諭をいう）や保育の場との関係，あるいは，様々な人やモノとの関わりを通して，確かな体験へとつなげている姿についてみていくこととする。

1 ひとり遊びと人間関係

（1）ひとり遊びの意義

保育の現場をイメージした時，友だち同士で遊ぶ子どもの姿を思い浮かべる人が多いのではないだろうか。特に，ここでは「子どもの遊びと人間関係」をテーマにしているので，より子ども同士がどのように関わり合って遊ぶのかを考えようとするかもしれない。確かに，幼稚園教育要領・保育所保育指針，また幼保連携型認定こども園保育・教育要領でも，友だちと関わって遊ぶ楽しさや協同的な遊びを，体験して欲しい事柄としてあげている。友だちと関わって遊ぶことは，実際に保育現場で多く見られ，子どもの育ちにとっても大事なことである。

そんな中，近くに友だちがいても，その友だちと関わらずに遊ぶ「ひとり遊び」は，「友だちと遊べないのかな」とか「寂しいのでは」等とマイナスな印象をもたれてしまうことがある。しかし，ここで述べたいことは本項目のタイトル通り，「ひとり遊びも重要である」ということである。

ひとり遊びの意義として，2つのことが考えられる。1つは，自分のやりたいことを自分で実行するということである。友だちと関わって遊ぶ時にも，自分の意志がわかったり，友だちに思ったことを伝えたりと，"自分をもつ"こ

写真5−1　ひとり遊びに集中

とは大切である。自分の興味・関心に基づく遊びを楽しむような
ひとり遊びは，自己の充実を図り，自分の意志や思いを明確にし
ていくことにもつながる。

　もう1つは，自分のやりたいことへの没頭である。ひとり遊び
に熱中している時，子どもは周囲が気にならない程，自分の遊び
に没頭し，声をかけても気づかないことすらある。それだけ遊び
に集中して，自分のやりたいことに取り組み，自分で思考し，表
したり，試したり，工夫したりしている。これは，友だちと伝え
合って工夫し合ったり，役割をもったりする遊びとは異なり，自分の試行や表
現を自身が十分に感じ，楽しむ体験として，重要と考えられる。

　そのため，ひとり遊びに夢中になっている時には，保育者は，子どもに安易
に声をかけたり，友だちと遊ぼうと誘ったりせず，じっくりとひとり遊びがで
きるよう尊重したい。

　パーテンは，子どもの遊びを，① 何もしていない行動，② 傍観者的行動，
③ ひとり遊び，④ 平行的遊び，⑤ 連合遊び，⑥ 協同遊び，と順序立てて分
類した[1]。パーテンによれば，ひとり遊びは2，3歳の子どもに多く見られる
が，その後大幅に減少することが示されている。このことからは，ひとり遊び
は年少児の遊びであり，発達にしたがって友だちとの遊びに移行していくよう
に感じられる。しかし減少はするが，ひとり遊びは年長児でも見られ，子ども
は遊びの内容に応じてひとりで遊ぶか，友だちと遊ぶかを選択していると理解
できる。ひとり遊びは，未熟な遊びなのではなく，何を楽しもうとしているか
によって子どもが選ぶ，遊びの一形態なのである。

　皆さん自身はどうだろうか？　○○をするなら友だちとの方が楽しい，△△
ならひとりでじっくりとやりたい…ということがあるのではないだろうか。そ
こには，友だちと一緒であることの意味，ひとりでやることの意味があるだろ
う。同じように子どもにも，ひとりで遊ぶことの意味があるのだと考えられる。

（2）その子にとってのひとり遊びを読み取る

　ここまで，ひとり遊びは子どもが熱中して遊ぶ，子どもが自ら選択した意味
のある遊びだと解説した。一方，「楽しめていないのでは」と心配になるよう
なひとり遊びもある。保育用語辞典によると，「ひとり遊びには，ひとりでも
のに深くかかわり満足して遊んでいる場合と，他者との交わりにうまく参加で
きないでひとりで遊んでいる場合とがある」[2]とある。後者であれば，子ど
もの意識は自分ではなく他者を気にしていることになり，遊びに集中できない
だろう。もしかしたら，「遊び」とは呼べないかもしれない。もちろん，その

1)　Parten, M. B.,
Social participation
among preschool
children, *Journal of
Abnormal and Social
Psychology*, 1932,
pp.243-269.

2)　森上史朗・柏女霊
峰編『保育用語辞典
第8版』ミネルヴァ書
房，2015，p.311-312.

子の育ちにとって大事な経験になると考えられるが，保育者はしっかりと状況を把握してタイミングを図って直接的に援助する場合もある。そのため，まずは，この遊びや行動がその子にとってどのような意味をもつのかを見極める必要がある。

事例5－1　「入れて」「いいよ，そこ座って」

　A児（4歳）がままごとコーナーの前にままごと用のテーブルとイスを並べ，「ここに座っててね」とつぶやきながらぬいぐるみを座らせ，食事を作ってテーブルに並べている。「あっ，ごめんね」と言いながらまたイスを置き，別のぬいぐるみを座らせ，食事を作り…と忙しそうに動いている。

　そこへ仲良しのB児（4歳）が「入れてー」と来ると，A児はチラッとB児を見てすぐに別の方向を見ながら，つぶやくように「いいよ，そこ座って」と言う。B児はイスに座り，A児はまたイスを足して別のぬいぐるみを座らせ，食事を作る。B児は食べる真似をしたりもしながら，しばらくイスに座ってA児を見ていたが，ちょっと困ったように首をすくめて私と目を合わせ，別の場所に行き，絵本を読み始めた。

● 演習課題

課題1：A児はどんなつもりで「いいよ，そこ座って」と返事をしたのだろう。
課題2：これはひとり遊びだろうか。その根拠も考えてみよう。

　以下は，筆者の解釈である。

　この遊びでは，A児が遊んでいるところにB児が入ってくるが，A児はB児のことをあまり意識していないようである。「入れて」というB児の言葉に対して「いいよ」と言ったのは，一緒に遊ぶという認識ではなく，単に物理的な場所として「遊んでいるところにいてもいいよ」というように思える。そのようにとらえると，A児の遊びは自分に意識の向いたひとり遊びと解釈することができる。

　一方で，B児は一緒に遊ぶつもりで入ってみたものの，ひとりにされてしまったわけで，集中したり熱中できるような遊びにはならない。その後の絵本等は，友だちと遊べなかったがためのひとり遊びになっている。

　ここでは，A児とB児の関係性も興味深い。A児が夢中になって遊んでいるところで，B児をチラッと見て「いいよ」と言い，B児がいても気にせずひとり遊びを続けられたのは，日頃からA児がB児のことを近しい存在として受け入れているからとも考えられる。また，B児もしばらく様子を見て離れていったのは，A児がこういう遊び方をしている時は一緒に遊びにくい，ということをわかっているからと解釈できる。つまり，お互いの関係があってこそ成り立

っていると考えられるのである。

　どんな遊びも，子どもにとっての意味と，保育者の理解と願いによって，関わりを考えていくことが重要である。この事例でも，一概に「夢中になっているひとり遊びだから尊重すべき」とはいえないし，「B児がいるのだから一緒に遊ぶべき」ともいえない。一方で，もしA児のこのような遊び方が続いていて，保育者がA児を気にかけていたとすれば，保育者のA児に対する関わり方も変わってくると考えられる。

（3）ひとり遊びは "ひとり" ではない

　筆者の家庭での出来事である。娘のC児（4歳）がお話を作りながら，それに合わせてブロックを組み立て動かしていた。

事例5−2　「ママ，どこ？」

　C児が，ブロックで作ったサンタさんを乗せたそりと，家と，子どもを動かしながら，子どもがサンタに「プレゼントはどこ？」と聞き，サンタの答えからプレゼントを探し，プレゼントを見つけてサンタを見ると，サンタクロースはいなくなっていて，上を見ると空を飛んでいて…というストーリーを作っている。

　筆者がC児をじっと見ていても，C児と一瞬目が合っても，C児は私に反応せず，夢中になっていたため，私はそっと隣の部屋へ移り，用事をしていた。しばらくお話の続きが聞こえてきていたが，途中でふと止んで「あれ？　ママ？」「ママー，どこいったー？」と，隣の部屋まで筆者を探しに来た。

　ひとり遊びをしていたC児が，"ひとりである" と思った時，遊びは終わってしまった。一見 "ひとり" でいて，他者と関わっていないように見えるひとり遊びも，その前提には他者の存在がある。安心できる相手がいるとわかっていること，目の前に見えなくてもあそこにいるとわかっていること，そのような安心できる，人との関わりが必要なのである。

2　身体で感じる関わりと人間関係

（1）身体を寄せ合う，くっつき合う

事例5−3　狭さも楽しい

保育室を見ると，狭い窪みに何人もぎゅうぎゅう詰めになって座っている。室内には他に空い

ている空間はたくさんあるのに，なぜなのか。そのうち，もう1人が間にぎゅっと入ると，さすがにきつくなったのか，1人が抜けてきて，また間にぎゅっと入る。またきつくなって1人が抜けて，間に入る。段々とスピードが速くなってきて，楽しそうに声を上げて笑いながら，1人入る，1人抜けるを繰り返す…。

　事例5−3は，筆者が実際に見た3歳児の光景である。狭い場所に何人もの子どもが密集して，動き出し，動きが速くなる。ぶつかってケガでもしないか，押し合ってトラブルにでもならないかと心配になる。けれども，恐らく，「楽しそうだから，こっちの広い方でやったら？」等と提案したら，この遊びの楽しさは失われてしまうだろうと予想される。

　このように，狭いスペースに体を寄せ合っていたり，ベンチにぎゅっとくっついて座ってみたり，体を相手に傾け合って一緒に絵本を見たりする姿はよく見られる。何か共通の目的をもって一緒に遊ぶ，というよりも，体を寄せ合っていること自体を楽しんでいるようである。

　"何かをしている"行動ではないので，「何してるの？」とでも声をかけてしまいそうだが，身をもって友だちとの関わりを深めているのだろう。他者と一緒にいることの心地よさ，うれしさを十分に味わっている。場合によっては，子どもたちが自ら心地よさを感じているタイミングで，保育者と目が合って笑顔を交わすことで，その輪に保育者も加われることもある。そして，この関係性が，その他の遊びでの友だちとの関わりにもつながっていく。

写真5−2　狭いところに入りこむ
注）　写真奥のダンボールの中に
　　　4人入っている

（2）お互いを感じ，見合う，一体感をもつ

　会話を通して，また一緒に何かをするということだけでなく，身体的に感じ合うことも，子ども同士の関係を深めていく。例えば，「ダダダダ…」と一緒に声を出しながら「ダン！」と同時に止まることを繰り返して笑ったり，会話をしているように見えて一定のテンポで言葉を発して楽しんでいたりもする。いずれも，お互いのタイミングやテンポを感じ取り，共有することの楽しさである。

事例5－4　車を走らせる

　5歳児クラスの男児8名が，車を作って段ボールで作った坂道を走らせている。はじめは机から幅広の段ボールを斜めに立てかけ，子どもたちは次々に車を走らせていた。そのうち，段ボールが折れて使えなくなってしまい，今度はもう少し小さい段ボールの箱に木の板を合わせて坂にした。

　2回目の坂道は机の下に入ってしまう程の高さで，部屋の隅だったため，子どもたちは頭を寄せ合うような恰好で，順に滑らせていく。1人が滑らせると，「おー」と歓声が上がって，「次オレ！」と滑らせる。時には，2人が同時に車を滑らせ，競争をすることもある。けれど，その都度ゴールするのを皆で見届け，次の車を走らせていた。

　1回目の坂道の方が広くて子どもたちは各々のタイミングで走らせていた。それが可能な広さ，高さだった。そのため，自分の車を繰り返し走らせることが楽しめていた。2回目は坂が小さくなり，自ずと場所も狭くなり，好きなタイミングでは走らせられなかった。そのために，お互いの車を見合い，友だちの車が滑ると歓声を上げたり，競争をする等，友だちに意識が向いていった。また，範囲が狭まったために頭を寄せ合って遊び始めたことも，身体的にお互いの存在を感じられたのではないかと考えられる。

　この事例からは，遊ぶ場の広さによって子ども同士の関わり方や遊び方が異なることが考えられる。保育者が遊ぶ範囲を調整することも，子ども同士の関わり合い方や遊び方を援助することになるといえるだろう。

写真5－3　寄り集まって作る

（3）みんなと一緒に味わう楽しさ

　ここまでは，遊びの中での子ども同士の関係性の深まりについて考えてきた。次に，手遊びや読み聞かせの場面に着目してみたい。

　「もこもこもこ」の絵本の読み聞かせをする場面である。子どもたちが3列の段に座って，絵本を聞いている。そのうち「もこもこ」とか「ぎらぎら」という音を保育者の後に続いて真似る子が出てくる。そして，音の後に笑う。保育者の読んだ言葉を，率先して真似する子どももいれば，それに続くように声に出す子どももいる。同じタイミングで笑う子どもが多いが，それを見てちょっと遅れて笑う子どももいる。

　同じ活動でも一人一人の関心や楽しみ方が違うのかなと読み取ることができる。と同時に，同じ方向を熱心に見て，同じタイミングで笑ったり声を出したりする姿からは，全体としてこの本の言葉のテンポが共有されていることが感じられる。

　子ども同士がお互いを見合っているわけではなく，ましてや「面白いね」等と言葉で気持ちを確認してはいないが，子ども同士がお互いを身体的に感じ取っていることがうかがえる。

　手遊びや絵本を読む時，その言葉のテンポ等に合わせて，軽く首が動いたり，身体が少し動いたりすることはよく見られる。もちろん，全員ではないし同じ動きでもない。けれども，「もこもこもこ」の場面と同じように，全体的に見た時にそのテンポを感じ合っていることがうかがえる。言葉のテンポを楽しむ絵本だけでなく，ストーリー性のある絵本でも，同じところで笑ったり，息をのんだりしながら，お互いを感じ合うことができると考えられる。

3　遊ぶことと人間関係

（1）特別なことをしなくても，そこに一緒にいるだけで楽しい

1）同じでつながる

事例5－5　マットの布団に挟まれて

　D児（3歳）が園庭でフープを縄跳びのように回転させながら走っていると，年長児が遊んだ後のマットを見つけた。マット（建築業者からもらった建材）は園庭に出して子どもたちがよく遊んでいる。この日は，3組のマットが布団のように園庭に敷かれていた。D児は靴を脱いで丁寧に布団（マット）の横に置くと，マットの間に挟まるように寝転がった。そこにE児（3歳）もやって来て，隣のマットに同じように間に挟まり寝転がった。さらにF児（3歳）がE児の隣のマットに同じように入るとうつ伏せになってうれしそうに園庭で遊んでいる他児の様子を見ていた。

写真5－4　一緒が楽しい

　3人の子どもたちは，その場で言葉を交わしたり，ごっこ遊びを始めるわけではない。D児と同じように靴を脱いでマットに挟まって寝る，という行為自体をE児もF児も楽しんでいる。隣にいる友だちと同じ状況を味わったり，同じものを持ったりするだけで，つながろうとしている子どもたちの気持ちが現れている。子ども同士の遊びでは，体と体が呼応し合うような体が語る言葉でつながる場面を多く見かける。マットに込められた遊びのイメージを共有することが，仲間意識を共有することにもなり，同じ動作自体の楽しさが，子どもの仲間関係をつなぐものとなっている。

2）参加の姿は様々

事例5－6　鉄棒につかまりながら

　G児（3歳）は，園庭にある鉄棒につかまって，つばめの姿勢を取っている。時々足を揺らしたりはするが，かなり長い時間，姿勢を保ちながら園庭で遊んでいる他児たちの動きを目で追っている。しばらくして，くるんと前回りをして鉄棒から降りると，また，鉄棒につかまり同じ姿勢で園庭を眺めている。

写真5－5　友だちの遊びをながめながら

　G児は一見すると友だちと関われない子，友だちと遊ばない子のようにも見える。しかしA児は単に，鉄棒につかまって一人で遊んでいるだけではなく，園庭を眺めるという行為のなかで，他児の遊びをみて，他児の遊びの楽しさと一体になっている。つまり，他児の遊びの世界に入り込み，G児の気持ちも一緒に遊びに参加しているとみることもできるのではないだろうか。遊びへの参加の仕方や友だちとの関わりの育ちへの過程は様々である。保育者は，目に見える形での集団への参加や，集団に適応することを評価するだけではなく，周辺的に参加[1]している子どものあり様にも注目していく必要がある。直接的な関わりがなくても，他者に共感する感受性が育っていたり，心と心がつながり合っている瞬間を子どもの側からとらえていくことも大切である。

＊1　レイブとウェンガーは『状況に埋め込まれた学習』の中で，新参者は「実践共同体」への「正統的周辺参加」の実践によって学ぶとしており，正統的周辺参加とは，実践共同体に対して構成員として認められているという意味では正統的であり，しかし実践においては中心的働きをしないという意味で周辺的な参加であるとしている。保育者が遊びにおける子どもの学びや関係の広がりを見る時，個人に帰属する能力，知識として見るだけではなく，実践共同体への「周辺的な参加」というとらえ方も重要となる。

　ジーン レイブ・エティエンヌ ウェンガー，佐伯 胖訳『状況に埋め込まれた学習─正統的周辺参加』産業図書，1993.

（2）じっくりと遊び込むこと

1）仲間関係が生まれる，消える

事例5－7　いっしょにあ～ん

　H児（3歳）が保育者と積木をお菓子に見立てて遊んでいた。そこにI児（3歳）が近づいてきた。H児はすぐに「ダメ！」といってI児の肩を押した。H児に拒否されたI児はその場に立ちすくんでいた。保育者がH児とI児の両方に，ケーキに見立てた積木を「どうぞ」と差し出すと，H児もI児もおいしそうにケーキを食べるふりをした。すると，I児を拒否したH児が，I児にお皿に乗せた積木（ケーキ）をそっと差し出した。しかし，I児はそれにまったく気が付く様子がなく，自分の目の前にある積木をお皿に積み上げていた。H児はしばらくI児を見ていたが，差し出したお皿をその場に置き，立ち上がると後ろの本棚の方に歩いて行った。

　1～2歳の子どもでも，他者を意識するような様子が見られることはあるが，3歳頃からは，子どもの人間関係において同年齢との関わりが大きな意味をもつようになってくる。3歳の初め頃は，他児のしていることに興味をもち，同じことをしたいと思う気持ち等から関わりが始まっていく。事例5－7では，H児が保育者とやり取りをしながら遊んでいるところにI児が興味をもち近づいてくるが，最初はH児に拒否されている。一見，H児は他者を排除する子のようにも見えるが，保育者との見立て遊びを楽しんでいたからこその行為であり，他者（保育者）と一緒に遊ぶ楽しさや信頼関係が育っている証とみることもできる。保育者がH児とI児に同じようにケーキに見立てた積木を差し出すことで，H児もI児も同じ動きをして，同じイメージや体験を共有している。H児がI児にお皿に乗せた積木を差し出す姿から，H児がI児に仲間意識とも感じられるような関係性が始まっていることが見える。他児に興味はあるけれど，言葉や態度で上手く表現できないこの時期において，遊びに入るきっかけを作ったり，仲間関係を成立，発展させていく上で保育者の役割は非常に重要である。H児の差し出したお皿がI児に受け止められなかったことで，仲間関係が消えたようにも見えるが，それぞれの子どもの気持ちを受け止める保育者に支えられながら，子どもが十分に遊び込めるような環境が保障されることで，いずれは友だちの遊んでいる姿も意識するようになり，共にあることの楽しさを感じながら，関わりが徐々に育っていくのである。

（3）人間関係が遊びを支える，遊びが人間関係を支える

事例5－8　人間関係が遊びを支える

　J児（4歳）とK児（4歳）は，普段からとても仲が良くいつも一緒に遊んでいる。この日は架空の敵に向かって2人で「ビーム！」と言いながら色々なわざを出したり，ブロックで作ったけん銃で敵を倒したりして遊びを楽しんでいた。いつもJ児が遊びのアイデアを出し，それをK児がまねをするという繰り返しなのだが，まるで2人には同じ敵が見えているかのようにいきいきと遊ぶ姿があった。

事例5－9　遊びが人間関係を支える

　L児（4歳）は，自分から友だちの遊びに入ることがなく，その日も実習生と砂場で川を作って遊んでいた。その近くで年長児のグループも穴を掘って遊んでいた。初めは互いにくっつかないように工夫をしていたが，保育者が「大きな川を作ってみようよ」と声をかけたことをきっかけに年長児が川をつなげて水を流し始めた。傾斜が緩く川のようにならなかったが，一人の年長児が「もっと深く掘って沢山水を流してみよう！」といってL児に水を流す役割を頼んだ。最初L児は大きな川づくりには興味がない様子であったが，年長児に声をかけられると，喜んで水を流す姿があった。その後もL児は年長児と遊ぶ姿がみられた。

　事例5-8では，J児とK児の仲間関係が育っていることで，イメージを共有したり，一緒に架空の敵を倒すことの面白さを感じながら，遊びが展開している。J児とK児はお互いが必要な存在であり，安心して遊びこめる存在となっている。しかし，お互いの関係性が変わってきたり，他児が遊びに加わることでイメージが共有できなくなったり，遊びが続かなくなる場合もある。一方，事例5-9では，大きな川を作る遊びをきっかけに，L児が遊びを通して他児とつながることや，協力して何かをつくることの楽しさを感じながら自分の役割を喜んで引き受けている姿がある。人間関係は遊びを支える。一方，初めは子ども同士の関わりがなかったとしても，遊びが人間関係をつないでいくのである。

4　人と人とをつなぐ遊びの環境構成

（1）子どもが十分に遊び込める時間と場所の保障

事例5－10　春一番の風とともに

スーパーの買い物袋で凧揚げをした時に使ったすずらんテープ（以下，テープ）を，M児（4歳）

が凧のように風になびかせて遊んでいた。そこにN児（4歳）も来て「ぼくもしてみたい！」というので、保育者は、何本かテープを持ってきた。そして、木の枝に、テープが巻かれている芯の部分を差し込んだ。すると、テープは勢いよく風に乗って様々な方向に舞って行った。園庭で遊んでいた子どもたちは、風にあおられながら様々に動くテープ

写真5－6　風を感じる

を追いかけ始めた。高いところに上がったテープをジャンプして触ろうとするO児（4歳）、たなびくテープに体を沿わせながらくるくると回転しているP児（4歳）、テープを踏みつけながらテープの動きを見ているQ児（4歳）、テープを園庭の遊具に巻きつけているR児（4歳）、園庭の小さなベンチを木の近くに運び、ベンチの上に乗ってテープのたなびく空を見渡すS児（4歳）等、子どもたちは、思い思いにテープの描く風を全身で感じているようであった。

　M児がすずらんテープで風を感じて遊んでいるのを見て、N児の中に沸き起こった「してみたい」という気持ちを保育者が受け止め、すずらんテープを用意することで、ダイナミックな遊びが展開されている。保育者が主導するのではなく、子どもが自分なりに風を感じる方法を考え、挑戦的に活動に取り組んでいる姿が見える。一人一人の行為は並行的に行われているようにも見えるが、それぞれが、テープによって可視化された風や全身で感じる風に共振し、共鳴しながら、子どもが主体的に遊びに入り込む経験がなされている。子どもが遊びの中で我を忘れて遊び込むような体験が保障されることで、心も体もつながり合うことを可能にしている。

（2）自由に遊べる素材と時間が十分にある中での探求、冒険

事例5－11　秋を探しに　4歳児クラス　25名

　近くの公園に散歩に行く時、保育者から「今日は公園に秋を探しに行こうと思うんだけど」と提案され、子どもたちはそれぞれが秋を感じるものを写真に撮ってくることになった。公園に着くと紅葉した落ち葉や、小さなどんぐり、キノコや虫等を手に取ったり、近くに寄ってにおいを嗅いだりしながら、写真を撮った。幼稚園に帰り、保育者が写真をプリントして、みんなで眺めた。その時T児が「これなんだ？」といって一枚の写真を覗き込んだ。保育者が「なんだろうね。調べてみたら？」というと、図鑑を何冊か持ってきた。子どもたちが図鑑を広げ眺めているとU児が「これだ！」とサルノコシカケを指した。子どもたちは、図鑑に夢中であった。次の

日，子どもたちが登園してくると，昨日の写真が子どもの目の高さに貼られていた。それを見たV児が保育室に「森，作りたい！」と言い出した。保育者は，材料となる紙や布，絵具等様々な素材を保育室に持ち込んだ。W児が「森は木がないと」というので，何で作るか相談していると，V児が「段ボール！」といってホールの方を指さした。運動会で使った段ボールがホールに沢山置いてあり，箱を高く積み上げるゲームをやったことを思い出したようであった。保育者も楽しそうに手伝いながら，段ボール箱を重ねたり，紙を貼ったり，色を塗ったり，布を巻いたりして，3本の木を完成させた。木ができ上がると，次は空，雲と子どもたちの提案や「つくりたい」を発展させていった。森づくりは数日間に及んでいた。保育室に森ができ上がると，X児が「森には鳥が飛んでいるんだよ」と言って図鑑を持って来た。他児たちも図鑑を見ながら今度は，思い思いの鳥を作り始めた。大きな鳥を模造紙で作る子どももいれば，紙粘土で作る子ども，紙に小さな鳥を描いて切抜く子ども，布で作る子ども等様々な鳥ができ上がり，自分の好きな場所につりさげたり，鳥のお家を作ったりした。さらに数日間かけて，保育室は様々な鳥でいっぱいになった。

写真5-7 子どもたちが見つけた秋

写真5-8 保育室の森づくり

写真5-9 布でカラスを作る

＊2 OECDによるECEC（＝Early Childhood Education and Care）に関する共同研究「Starting StrongⅡ」では，世界の乳幼児教育を大きく2つの異なるアプローチに分類している。1つは「就学準備型（Readiness for school）」のスキルを

秋を探しに行くという保育者の提案をきっかけに，保育室に様々な秋が持ち込まれた。クラス全体に秋の自然に対する関心が広がり，一人の子どもの発見や驚き，喜び等が友だちにも広がっている。保育者の援助を受けながら，子ども自ら遊びを広げ，深めていく姿が事例5-11に表されており，子どものもっている力に驚かされる。こういうものを作るというゴールの決められた目的的な活動ではなく，子ども自身の「これがつくりたい」「こうなったらもっと楽しい」という思いが活動の出発点となっている。自分たちで考え，試行錯誤しながら協力したり，役割分担したり，思いを出し合ったり，調整したりしながら，自分たちのイメージしていること，やりたいことを実現するために時間をかけて取り組んでいる。保育者に頼っていくわけではなく，自分たちでストー

リーを組み立てながらやり遂げていく。このようなホリスティックなアプローチ*2が，お互いのよさを知ったり，手ごたえや自信を感じたり，同じ目的に向かって協同することの楽しさを味わったりすることにつながるのではないだろうか。自由で自発的な活動や，面白さや楽しさを追求，探求する活動が保障されることで，一人一人の子どもが十分に遊び込むことができると共に，協同的な関係や，学びに向かう力*3も育っていく。この時，保育者も一緒になって遊びの展開を楽しみ，子どもの経験している内容や遊びのプロセスをとらえると共に，必要に応じて自由に使える教材や多様な素材と時間を十分に用意することが大切である。

（3）ストーリーの共有と関係の広がり
―生活をより豊かなものに―

事例5−12　鳥の結婚式

　でき上がった鳥は，子どもたちの作った鳥のお家の中に置いてあったり，時には園庭に持ちだして一緒に遊んだり，家に持って帰って次の日にまた持ってきたりする日もあった。ある朝，6〜7人の女児たちが様々な布を体に纏って楽しそうにしていたので，保育者が「何んだか楽しそうね」と声をかけるとY児が「今日は鳥の結婚式なの」といって何やら準備を始めていた。他のクラスの子どもたちも保育室に呼び，結婚式らしきものが始まった。布で作ったカラスとスズメを真ん中に置き，その回りを手をつないで回るだけなのだが，招待された他のクラスの子どもたちもしばらく椅子に座ったままで，結婚式の様子を眺めていた。

　さて，事例5−11では，森づくりから鳥づくりへと発展していった。自分で作った鳥たちは，単なる保育室の装飾物というのではなく，クラスの仲間として，一緒に遊んだり生活したりする存在となっていった。自分たちの作った鳥のいる生活によって，友だちとの

写真5−10　鳥の結婚式の様子

関わりやつながりをより豊かなものにしていったのである。鳥の結婚式は子どもの中から沸き起こったハレの日であり，他のクラスの友だちに仲間（鳥）をお披露目し，また，鳥のいる生活のイメージを共有する日にもなっている。製作や協同的な活動は，保育者が計画した主活動のなかで経験することも多く，

重視するアプローチ，もう1つは「生活基盤型（北欧諸国の伝統・ホリスティック）」である。ホリスティック・アプローチの特徴は，子どもの興味・関心を保育展開の出発点としていること，保育方法は子どもの関心から導き出されたテーマについて共同で探求していく方法がとられること，子どもが包括的・全人的（ホリスティック）に育つこと，子どもたちが自分の頭で考え自分の心で感じる「学びの機会（知る方法を学ぶ）」を与えることが目指されている。

　OECD編著，星三和子他訳『OECD保育白書』明石書店，2011.

＊3　学びに向かう力
　好奇心・協調性・自己統制・自己主張・がんばる力等に関係する力で，幼稚園教育要領にも幼児教育で育みたい資質・能力の一つとして位置づけられている。

　ベネッセ教育総合研究所が，2016（平成28）年2月に実施した調査（幼稚園や保育所，認定こども園に通う年長児を持つ保護者2,266名を対象に「園での経験と成長に関する調査」を実施）によると，幼稚園や保育

所，認定こども園等で「遊び込む経験」が多い方が「学びに向かう力」が高いという結果になっている。

http://berd.benesse.jp/

場合によっては日常生活と切り離されたものとなることもある。しかし，事例5－12では，日常生活から沸き起こる遊びの中から生まれた子ども自身の「こうしたい」であり，他のクラスの友だちとも楽しさを共有し，つながろうとする姿がある。こうした異年齢児との様々な交流が育まれることにより，子どもの人間関係もより豊かに幅広くなっていくのである。

（4）子どもたちが紡いだ物語と環境構成

事例5－13　鳥になる！

　鳥の結婚式から数日後，A児（5歳）が「鳥の羽を作りたい」と突然言い出した。保育者はどんなものを作るかを子どもたちに聞きながら，素材となりそうなものを用意した。実は5歳児は，干し柿を作る際に干した柿を鳥に食べられないように毎日鳥をよく観察していたのだ。A児が鳥の羽を作り始めると，B児（5歳），C児（5歳）も加わり，それぞれが自分の羽を作り始めた。初めは動かすことができなかったが，試行錯誤しながら自分の腕にピッタリの飾りも美しい羽ができ上がった。子どもたちは羽を腕に装着すると，3人で園庭に出ていき，順番に築山から駆け降り，大空を飛んでいるような感覚を味わっているようであった。

写真5－11　自分の作った羽で鳥になって飛ぶ

　事例5－13でも子どもの「鳥の羽を作りたい」という思いから活動が出発するが，保育者がその思いに応え材料を用意していく姿がある。子どもが遊び込めるには，保育者の受容的な関わりはもちろんのこと，自由に使える時間，空間，遊具，教材や素材があってこそといえる。就学前保育・教育施設（幼稚園，保育所，認定こども園をいう）では，子どもの製作したものは，保育室の装飾として飾られるか，でき上がったものは家に持ち帰ることが多いが，飾ること，家に持って帰ること自体が目的になってしまうと，作品の完成イコール遊びの終わりとなってしまいかねない。子どもの遊びや生活が連続していくには，子どもが自分の興味・関心から，探求し，表現していくことが必要である。そこで保育者は，子どもが紡いできた遊びのストーリーを大切にしながら環境構成していくことが重要である。友だちとの関わりやつながりを深めながら，遊び込むことができる保育の場が主体的・対話的で深い学びを保障するのである。

　子どもが園で過ごす期間や時間が長くなり，地域で子どもが育つ機会が減少している現在において，あるいは経済的格差の拡大等，養育環境に課題のある家庭においては，子どもの育ちを支える場としての園の果たす役割がより一層

重要になっている。

5　遊びと人間関係を支える保育者の援助

（1）同僚性を発揮しながら柔軟に遊びの自在性を受け止める

事例5－14　劇ごっこの広がりとつながり

　C児（4歳）の担任は，C児がいつも自分を出せずにいることが気になっており同僚とも話題にすることがあった。ある日，年長クラスで，子どもたちが動物の出てくるお話しを作り，劇ごっこが始まった。そこにC児が入ってきたので，年長クラスの担任は，椅子を並べてお客さんになり，C児に「一緒にみよう！」と誘った。しばらくみていると，お話がどんどん広がり動物役が足りなくなってしまった。年長クラスの担任はさりげなくC児を誘い，C児も動物劇ごっこに加わることになった。C児は，ライオンの役になり大きな声で吠えていた。C児は吠えるのが楽しかったようで，自分のクラスに戻っても大きな声で吠えていた。そこに恐竜の好きなD児（4歳）がやってきて今度は恐竜ごっこが始まった。年長クラスの様子をみていたC児の担任は，同じようにお客さん用の椅子を並べると，向かい側に舞台ができ上がった。C児が中心となってお話を作り，犬や猫も出てきて遊びが展開されていった。その次の日は，C児たち（年中クラス）が年少クラスを呼びたいということになり，初めに年少の担任に声をかけ，年少の担任が年少の子どもたちを呼んでくると，年長クラスの子どもがそれに気づいてチケットを作り始めた。

　年長クラスでの劇ごっこをきっかけにC児がいきいきと自分を出していく姿がある。他のクラスでおきていることも園全体で共有しながら，柔軟に遊びの自在性を受け止め保育がなされている。同僚の保育者同士がつながり合うことで子ども同士も自然とつながり合い，縦割りの保育ではなく，クラスを越えた豊かな関わりがもたれている。C児の様子を他のクラスの担任も気にかけ育ちを共有していたからこそ，C児にとって必要な経験が保障できたのではないだろうか。日頃から保育者同士で各クラスの状況を共有しながらアイデアをもらったり，フォローし合ったり，時には客観的な目で確認し合う等の同僚性は，遊びと人間関係を支える上でも重要である。

（2）園を越えて地域へ

事例5－15　スイカを作りたい！　2月のある日

　E児（男，5歳）は保育者に「そうだ，忘れてたけどスイカ。こんどはスイカ作るっていった

よね」と言い出した。去年の夏にトウモロコシを幼稚園の畑で収穫し，その時に今度はスイカを作ろうという話になったことを思い出したのだ。Ｅ児が「スイカの種，買いに行きたい！」というので，保育者は「急に行ってもスイカの種，売ってないかも」と声をかけると，Ｅ児は少しがっかりした様子であった。その様子を見た保育者は，Ｅ児に「園長先生にお話してくるね」と声をかけ，園長のところに向かっていった。しばらくたって，同僚の保育者と一緒に戻ってきた。そしてＥ児に「じゃあスイカの種，買いに行こうか」と声をかけると，周りにいた子どもたちも一緒に行きたいというので，子どもたち7人に同僚の保育者も加わり，商店街まで出かけて行った。商店街に着き，子どもたちはお店に入ると代わる代わる「スイカの種ありますか？」と聞いて回っていた。場所を聞いたりしながらお店を回っているうちに種屋さんにたどり着き，スイカの種を買うことができた。その時に，お店の人から肥料が必要なことや種をまく時期がまだ早いこと等を教えてもらい満足そうに帰ってきた。スイカの種の入った袋は保育者が保育室のホワイトボードに貼って保管した。それを見た隣のクラスの保育者がＥ児に「私もスイカ予約ね」と声をかけるとＥ児は嬉しそうに「いいよ〜」と言いながら友だちと園庭に出ていった。

　Ｅ児の中に沸き起こってきた思いを，保育者は，「また今度」と聞き流すのではなく，Ｅ児の今の思いに付き合っていく姿がある。そして，Ｅ児の思いを受け止める園長や同僚の保育者の存在は，園の中で，各クラスの保育者の実践を支えるだけではなく，子どもが思ったことを大事にしたいという雰囲気を作り出していく。そのような園の雰囲気が，子ども一人一人の力をいきいきと発揮していくことにつながり，子ども同士の関わりやつながりを豊かにしていくのではないだろうか。また，子どもたちは保育者や保護者，園の職員だけではなく，地域の人々や様々な分野の専門家等，多様な大人と関わるなかで，それぞれの魅力を感じ，経験を広げ，試行錯誤しながら生活を豊かにしていく。そして，やがては自分の興味あることや大好きなものの魅力を伝える側になっていくのである。子どもの遊びや人間関係を支えるためには，保育者が一人の人間としてつながり合える同僚関係が非常に重要であり，園の中の関係はもちろんのこと，園自体が地域へ開かれ，多様な人々とつながり合い，関わり合うことが子どもの遊びや人間関係をより豊かなものにしていくのである。

　現代社会に生きる子どもの姿を見てみると，電子ゲーム等室内であまり体を動かさない遊びや，人数や時間，空間を決めて遊ぶ内容や仲間が固定化する様子が見受けられる。固定化された遊び仲間は居心地の良さを感じることができるものの，多様な他者や大勢の仲間とつながり合うことを求めないことにもなりかねない。この点においても，クラスを越えて，学年を越えて遊びや関わりが広がっていくこと，園のいろいろな場所を新たに自分の居場所としていくこと，生活の幅を広げること，地域の人々や園に出入りする多様な人々との関わ

りがあることの意義は大きい。

　保育者は子どもの豊かな人間関係を育む遊びの重要性を再認識し，子どもが遊びの中で体験していることを十分に読み取り，適切な援助をすることが求められている。それには，個々の保育者だけではなく，保育者全員がチームとして共同し，子どもを育むことも重要となる。保育者の専門性向上に同僚保育者の存在は欠かせない。何気ない子どもの姿を語る保育者の語りや保育カンファレンス等はもちろんのこと，同僚の子どもへの関わりやまなざしから学ぶことも大きい。同僚保育者を理解し信頼関係を構築することが，一人一人の子ども理解につながり，子どもの遊びと人間関係を支える援助を可能とするのである。

2)　ロバート　フルガム『人生に必要な知恵はすべて幼稚園の砂場で学んだ』河出書房新社，2016.

演習課題

課題3：子どもが体で感じる関わりやつながりについて，事例を出し合って話し合ってみよう。

課題4：ロバート・フルガムの「人生に必要な知恵はすべて幼稚園の砂場で学んだ」[2]という言葉に遊びと人間関係という視点で解説を付けてみよう。

＊写真・取材協力：幼保連携型認定こども園　清心幼稚園　栗原啓祥先生（群馬県前橋市）

コラム　　　思いやりはいきなり求められない

「思いやりのある子に育ってほしい」というのは，親が期待する子どもの姿の上位にあげられます。「思いやりは大切だ」といわれて，反対する人はあまりいないのではないでしょうか。では，「思いやり」とはなんでしょう。そして，「思いやりの気持ち」はどのように育まれていくのでしょう。

思いやりとは，保育用語辞典によると「相手の立場に立って，相手の気持ちを感じとり，相手に共感できる能力。相手の立場に立てる能力（役割取得能力）も含めて用いられる場合が多い。（後略）」＊とあります。

ここで，私と5歳の娘との会話を紹介します。娘「今日，私えらかったの。Aちゃんが，私の折り紙を持ってっちゃったから，あげたの。私もほしかったけど…。」私「ほしかったなら，私のだよって言ってもよかったんじゃないの？」娘「いつもは言うんだけど，でもさ，Aちゃんの気持ちもあるじゃん？」私「そう？　でも…」娘「うん，そうだよ。いいの。」

娘は，そうやって私に伝えることで，自分の気持ちの整理をしたのかもしれません。Aちゃんは，娘の大好きな友だちです。これまでも，Aちゃんと物の取り合いをしたり，譲ったり譲ってもらったりする経験をしてきています。この会話からは，自分の気持ちと同時に，Aちゃんの気持ちを感じ取っていることがわかります。いつも仲良しで，でも色々なぶつかり合いもしてきたAちゃんが相手だからこそ，その気持ちを感じ取り，譲ろうとも思えたのでしょう。

友だちとたくさん遊び，ぶつかり合いながら，その友だちを大事に思い，"その子"を思いやる場面も出てきます。そうやって少しずつ，色々な人に思いやりの気持ちをもつことができるのでしょう。「誰にでも，思いやりの気持ちをもちましょう」と，言葉で教えるのでなく，このような体験一つ一つを大切に扱っていくことが必要です。

また，思いやりの気持ちに裏打ちされた行動には，子ども自身が周囲から思いやりをもって接せられた経験が必要だといわれています。「思いやりのある子に育ってほしい」と思うのであれば，子どもにとっての身近な大人である私たちが，子どもに，他者に，思いやりをもって行動できているのか，相手の立場に立ち，相手の気持ちを感じ取り，共感しながら行動しているのか，見つめ直すこともまた求められるのです。

＊　森上史朗・柏女霊峰編『保育用語辞典 第8版』ミネルヴァ書房，2015，p.315.

第6章 子どものいざこざと人間関係

　子ども間のいざこざ（トラブル）は，実際の保育場面では避けることのできない日常的な出来事であり，子どもの発達に欠かすことのできない経験の場でもある。一方で，保育者（幼稚園教諭，保育士，保育教諭をいう）には子どもの発達段階や人間関係を考慮しつつ，状況に応じた柔軟な対応が求められる場でもある。本章では，保育場面におけるいざこざが，子ども同士や保育者との多様な関わりを通して子どもの育ちを促す出来事であることを示してみたい。

1 保育における「いざこざ（トラブル）」とは何か

　園庭で仲良く遊んでいた子どもたちが，突然，言い争いをはじめたとしよう。たまたまその場に居合わせたあなたはどうするだろうか。見守っていればよいのか，介入したらよいのか。それとも，他の先生を呼びにいけばよいのか。いざこざとは，子どもが人間関係を築いていくうえで必要不可欠な経験であるとわかっていても，そうした場面に遭遇した際に，保育者がどう対応するのかは，非常に悩ましい問題である。特に，実習生や新人の保育者にとって，子どものいざこざにどう対応するのかは悩みの種となる。だが，子どもにとっていざこざとは，自分の思いを他者に表明し，自分の思い通りにはいかない他者とどう向き合うかを経験する重要な出来事であることも忘れてはならない。

　本章では，保育者は子どものいざこざにどのような観点から関わり，子どもの何を大切にしようとしているのかに焦点を当てながら，子どものいざこざと人間関係について考えていきたい。はじめに紹介するのは，子どものいざこざについての保育者の「語り」である。ここでいう「語り」とは，筆者が保育者に行ったインタビュー[1]の中で，保育者によって語られた内容を意味している。では，なぜ，インタビューによる保育者の「語り」に注目するのか。まず

＊1　インタビューは2016（平成28）年12月に3名の保育者に実施した。

は，この点を確認しておこう。

　保育者が子どものいざこざについて他者に向けて語るとき，その「語り」の中には，保育者が大切にしている子どもの姿やいざこざをとらえる視点が反映されている。こうした点に着目しながら，保育者の「語り」に耳を傾けていくと，保育者にとって子どものいざこざとはどういった出来事なのか，さらに，保育者がいざこざ場面に遭遇した際に子どもの何をみているのかといった保育者の視点がみえてくるのである。

　そこで，次節では，保育者の「語り」を手がかりに，保育の現場で子どものいざこざという出来事がもつ意味について考えていこう。

② 「かみつき」と人間関係の育ち

　乳幼児と関わることの多い保育者を悩ませるいざこざに「かみつき」がある。「かみつき」は，どの子どもにも起こり得る事象である。だが，「かみつき」の多発は，どの発達段階の子どもにもみられるものではなく，低年齢（おおむね1歳から3歳未満）にみられるといわれる。北九州市保育士会が1997（平成9）年，2001（平成13）年，2008（平成20）年の3度にわたって行った調査によると，12か月から29か月にかけて「かみつき」の多発期があり，なかでも15か月から23か月に顕著な多発期か認められるという[1]。このように，「かみつき」がごく限られ年齢の子どもに多発することから，多発期が子どもにとって発達上の転換点になっていると推測される[*2]。では，子どもの発達で避けて通ることのできない事象でもある「かみつき」を保育者はどのような出来事としてとらえているのだろうか。

（1）「はっとして，はっとなる」

　まずは次の保育者インタビューをみてほしい[*3]。

事例6-1　「かみつき」と保育者の対応

保育者A：（かみついた側が）はっとするんですよ

保育者B：（かみついた側が）はっとする

筆者　　：へー

保育者B：早い，結構，早いと

保育者A：1歳半くらい？　よく1歳半とかってよく言いますけど，かんだりするのって，だいたい0歳というより

保育者B：うん

左欄註：

1) 八木義雄監修，北九州市保育士会編著『自我の芽生えとかみつき―かみつきからふりかえる保育』蒼丘書林，2013，pp.12-18.

*2 「かみつき」は，発達の証しでもある。例えば，神田は，相手を友だちと意識し，「自分にとって痛いことは友だちにとっても痛い」ということがわかるようになったことの現れであると述べている。神田英雄『育ちのきほん―0歳から6歳』ひとなる書房，2008，pp.44-45.

*3 保育者A・B及び筆者の発話の内容は，読みやすさを考慮して一部変更していることを断っておく。

保育者Ａ：お誕生日すぎ

保育者Ｂ：お誕生日

保育者Ａ：（かみついた側が）はっとしますよ

保育者Ｂ：（かみついた側が）はっ，はって

保育者Ａ：相手（かみつかれた側）が，ぎゃっとなるじゃないですか

筆者　　：はい

保育者Ａ：そうしたら，（かみついた側が）はっとする

筆者　　：へー

保育者Ａ：はっとして，別にそれで，「ごめんなさい」とか言わなくても，（かみついた側が）はっとして，はっとなる

筆者　　：はい

保育者Ａ：もうやっぱり，伝わっているんだろうなって思います。だから，（かみつかれた側に）「痛かったね」って言葉で，（かみついた側に）「ごめんなさいは？」って言わなくてもね。もちろん，かみつかれた側の子には手当してあげますけど。「○○ちゃん，痛かったね」って感じです。「おもちゃとられちゃって嫌だったね」っていうふうに

筆者　　：かんでしまった子の方には？

保育者Ａ：「何々したかったんだね」って，いう感じです

筆者　　：うん，うん

保育者Ａ：わかってる，わかんないを別として，そういうふうになるんですけど

　このインタビューでは，子どもの「かみつき」をとらえる保育者の観察眼が独特な表現で語られている。1歳のお誕生日を過ぎた頃の子どもたちは，かみついた側もかみつかれた側も言葉を話すことは難しい。だからこそ，低年齢の子どもに「かみつき」という独特の行為が多発すると考えられる。そして，言葉によらない子ども同士の関わり―「かみつき」「かみつかれる」という身体的な関わり―から，保育者は子どもの感情の動きを見逃さない。それを象徴するのが「（かみついた側が）はっとして，はっとなる」という保育者の語りである。

　この語りからは，保育者が，「かみつき」という行為にのみに着目しているのではなく，かみついた側，かみつかれた側，双方の子どもの反応に着目していることがわかる。突然，かみつかれた子どもは，「ぎゃっ」となる。すると，かみついた子は「はっ」となる。つまり，かみつかれた子が「ぎゃっ」となった姿を見て，かみついた子は「はっ」となるというのである。そして，保育者はかみついた子のこのような反応に「もうやっぱり，伝わっているんだろうなって思います」と，かみついたことへの何がしかの感情の動きを見出そうとしているのである。

（2）保育者の言葉を介した感情の形成

「かみつき」が起きたとき，保育者は，かみつかれた子どもには「痛かったね」，「おもちゃとられちゃって嫌だったね」と言葉をかけ，かみついた子どもには「○○したかったのね」と言葉をかけるという。もちろん，保育者は，かみつかれた子どもに早急な手当も行う。こうした対応がとられるなかで，特に着目したいのは，子どもが保育者の言葉がけの意味を理解できるかどうかとは関わりなく，保育者は，双方の子どもの気持ちを代弁する言葉をかけている点である。

保育者は，「ぎゃっ」と泣き出したかみつかれた側の子どもの気持ちを状況から推測し，「痛かったね」，「おもちゃとられて嫌だったね」と語りかける。それはいわば，保育者が，子どもの反応（＝ぎゃっと泣き出す）と気持ち（＝「おもちゃとられて嫌だったね」）を言葉で結びつける実践といえる[2]。芝田は，保育者が，泣いて訴える子どもを前に，あたかも言葉と言葉で会話するかのように応答をすることで，言葉が出る前の子どもを大人と同様の会話に招き入れることの重要性を指摘している[3]。たとえ子どもが大人と同じように会話ができなくても，保育者が意志や感情をもった一人の人間として子どもに言葉をかけ続けていく。この日常の繰り返しの中で，子どもは言葉を覚え，その時々に応じた感情を言葉にして表明していくようになるのではないか。「かみつき」にみられるような子どものいざこざとは，保育者の言葉を介して，子ども同士の感情のやりとりを豊かに形成していく出来事でもあるのだ。

（3）保育者と保護者で子どもの育ちを共有する

「かみつき」が起きたとき，保育者を悩ますのは，その場の対応だけにとどまらない。AちゃんがBちゃんにかみついたこと，BちゃんがAちゃんにかみつかれたこと，相方の保護者にこの出来事をどう伝えていくのかという新たな問題が生じる。

保育者は，かみつかれた子どもの保護者にその事実を伝え，「かみつき」が起きてしまったことを謝罪する。一方で，保育者は，かみついた子どもの保護者に「かみつき」の事実を知らせることにためらいを抱くこともある。というのは，保育環境が「かみつき」という事態を招いたと保育者は考えるからである。また，我が子が他の子どもにかみついたという事実を知ることは，保護者にとって相当なショックになることがある。こうした保

2）ジェフ クルター，西阪仰訳『心の社会的構成―ヴィトゲンシュタイン派エスノメソドロジーの視点』新曜社，1998，pp.187-213.

3）芝田奈生子「日常的相互行為過程としての社会化−発話ターンとしての〈泣き〉という視点から」教育社会学研究，第76集，2005，pp.207-224.

育者の責任感と保護者への配慮が，かみついた子どもの保護者には「かみつき」の事実を伝えにくくし，かみつかれた子どもの保護者にはその事実のみを伝える（かみついた子どもの名前は伝えない）という判断を優先させる場合もある。

しかし，ここで事例6 − 1を振り返ってみよう。保育者は，かみついた子，かみつかれた子，両者の反応を受けて，子どもの感情や意志を代弁するように関わっている。それは，子どもを一人の人間として尊重しようとする保育者の試みでもある。そうであるならば，「かみつき」が起きた状況と共に，その場で保育者がどのように反応し，子どもは保育者にどう反応したのか，「かみつき」が起きた後の保育者と子どものやりとりも含めて両方の保護者にしっかり伝えることは，子どもの育ちを保護者と保育者が共有することにもなるのではないだろうか。

3 子ども同士で探るトラブル解決への道（5歳児）

ここまで，子どもの「かみつき」に保育者が関わることの意義を述べてきた。次に紹介するのは，保育者が直接に介入しない子どもの「トラブル」に関する事例である。

「トラブル」という言葉を聞くと，子ども同士が遊びのルールをめぐって言い争ったり，おもちゃの取り合いをするといった場面を想像するかもしれない。往々にして，保育者にとっての「トラブル」とは，何らかの解決が必要な問題状況として認識される傾向にある。実際に，保育者はそうした問題状況の解消を目指して，トラブル状況にある子どもたちの間に入って解決策を提案することもあるだろう。しかし，子ども同士の「トラブル」では，必ずしも保育者の介入を必要としないこともある。

（1）保育現場における「トラブル」とは何か

ここで取り上げる事例は，保育者がインタビューで語った内容を筆者が再構成したものである。はじめに確認しておきたいことは，保育者はインタビューの中で「年長さんのハイキングに引率したんです。そこでも小さなトラブルがいっぱい起こるんです」（強調点筆者による）と言って語り始めたことである。ここでは，特に保育者が「小さなトラブルがいっぱい起こる」と語っていることに注目したい。保育者がいう「小さなトラブル」とは子どもたちのどんな姿のことなのだろうか。そして「小さなトラブル」は，どんな展開をみせるのだろうか。やや長くなるが，いくつかのパートに分けながら，子どもにとっての「トラブル」の経験について考えていこう。

1）A児の苛立ちと葛藤

事例6－2　ハイキングの道中での出来事

　クラス担任を先頭に園児が山道を歩いている。虫とり名人の園児は，山道を歩きながら，さっと虫をつかまえては虫かごに入れる。自分も虫をとりたいのに，なかなか虫とりができない子どももいる。A児（5歳）もその一人だ。A児は虫を見つけると「発見したよー！」と大きな声で知らせるものの，手がでない。すると，A児の声を聞いてやって来た子に虫をとられてしまう。A児は，「そうやって，そうやって，いっつもそうなんだ」と涙をこぼし始めた。それでもA児は虫をとられた悔しさとどうにか折り合いをつけながら，山道を歩いていった。

　A児は，たまたまビービー弾（オモチャのピストルの弾）を見つけ，眺めていた。すると，他の子がさっとビービー弾をとって，自分のポケットに入れていってしまった。「ずるい！ぼくが先にみつけたんだ！」とA児。しかし，ビービー弾はすでに他の子の物になってしまった。

　その後，A児は松ぼっくりをようやく一個だけみつけた。しかし，それも一歩遅れてとり損ねてしまう。立て続けにとり損ねたA児は，さすがに心が弱くなり，山の中で「わーっ！」，「もう楽しくない！　帰る！」と大きな声で泣きだした。

　A児は，虫，ビービー弾，松ぼっくりと，ことごとく他の子どもに先にとられてしまう。保育者は，この場面を「（A児に）次から次とテーマが押し寄せる」場面と筆者に語っている。では，保育者のいう「テーマが押しよせる」とは，どういうことなのだろうか。それは，自分がとりたいものを他の子どもに先にとられてしまい，「もう楽しくない！　帰る！」と大きな声で泣きだすまでのA児の葛藤を，保育者がA児の「テーマ」ととらえ，まさにその「テーマ」と格闘するA児の姿をこの場面に見出しているということではないだろうか。

　「トラブル」というと子ども同士の関わりの中で起きるもめ事を想像しがちである。だが，A児の葛藤もまた「小さなトラブル」の一つなのである。つまり，保育における「トラブル」とは，子どもがどうにもならない感情を抱え，一人で葛藤する経験のことでもあるのだ。

　この点を確認したうえで，この後のA児と他の子ども〔B児（5歳），C児（5歳）〕との関わりをみていこう。

2）A児とB児のトラブルの世界

事例6－3　松ぼっくりの所有をめぐるトラブル

　A児は，松ぼっくりのことをずっとひきずっている。そんなA児にB児は，「じゃあ，いいよ，あげるよ」，「そんなにいうんだったら，あげる」と松ぼっくりを渡しにきた。しかし，それはA児のプライドが許さない。「もう先にとったのはBちゃんのものだから，そういうものをほしいなんて僕はいっていない」，「そんなことを僕がしてほしいわけじゃないんだ」とA児。「じゃあさあ，どうしたらいいの？」とB児が問いかけるが，「もういらない」，「Bちゃんからはもらわない」とA児はかたくななまま。

　B児は一端，松ぼっくりを持っていた手を引っ込めた。A児はB児に聞こえるように「ずるいよ，僕が最初に見つけたのに，僕が最初に見つけようと思ったのに，今日は松ぼっくりもってかえろうと思ったのに，なんでBちゃんが先にとるんだ」とB児の後ろから大きな声でいう。そんなA児の声を聞いて，B児は松ぼっくりを持っていることがつらくなったのか，そうっと保育者のところにきて，「あとで，落着いたら，渡しといてくれる？」といって松ぼっくりを手渡した。

　事例6－2でA児が経験した「小さなトラブル」の連続は，事例6－3で松ぼっくりの所有をめぐるA児とB児の「トラブル」へと展開している点に着目しよう。

　B児は，事例6－2でA児が見つけた松ぼっくりを先にとった子である。B児は，A児が松ぼっくりのことを根にもっている姿を目にして，松ぼっくりをあげると提案する。しかし，この提案はA児によってかたくなに拒否されてしまう。A児は，B児がとった松ぼっくりではなくて，自分でとった松ぼっくりでなければ意味がないという。A児もB児もお互いの主張を言い合い，話し合いは平行線をたどっている。それゆえ事例6－3で，A児のB児に対する不満は解消されていない。一方，B児のA児に対する気遣いもA児に受け入れを拒否されている。A児とB児，どちらの子どもも相手に向けた感情が交わることなく，一方通行のままといえる。

　もし，この場面で，保育者がA児とB児の間に入って，A児にB児の松ぼっくりを受け取るよう促していたら，2人の「トラブル」はどうなっていただろうか。保育者が2人の間に入り，問題解決のための提案をしたり，話し合いを促すとすれば，「トラブル」はA児とB児，二者間の「トラブル」ではなく，A児，B児，そして保育者，三者間の「トラブル」へと変容することになるだろう。

　あるいは，保育者がB児から受け取った松ぼっくりを，A児に保育者を介して渡していたらどうだろうか[3]。保育者は，B児の代理人の役割を引き受けることになる。そしてA児はB児の代理人である保育者と話し合いを行わなけ

＊3　B児から松ぼっくりを手渡された保育者は，この後，すぐにA児に松ぼっくりを渡さなかったという。このとき保育者は，B児の気持ちをうれしく思うと同時に，子ども同士がどこかで会話をしてつながる方がいいだろうと思ったからだと語っている。

ればならず，A児がB児に向けていた苛立ちや不満は，行き場をなくてしまう可能性がある。A児にとってみれば，B児との「トラブル」に一方的に保育者が介入してきたように思えるのではないだろうか。

　たとえ保育者が問題状況の解決を意図して子ども同士の「トラブル」に介入したとしても，保育者が介入した時点で，子どもと子どもの二者関係からなる「トラブル」から，子どもと保育者，あるいは複数の子どもと保育者との関係からなる「トラブル」へと組み替えられることになる。それはいわば，子どもが経験していた「トラブル」とは異なる「新たなトラブル」へと変容することを意味し，子どもから子ども同士の「トラブル」の経験を奪うことにもなるだろう。

　さて，A児はこの後，どうなったのだろうか。次の事例6－4をみてみよう。

3）変更を促すC児の関わり

事例6－4　ビービー弾を分け合う話し合い

　しばらく歩いていると，C児がポケットに手を入れてビービー弾を出し，「Aちゃん，少し分けようか」とA児に声をかけた。ところが，A児は「だって，それ，Cちゃんがみつけたんだろ」，「僕がとるみたいだから，嫌だ」とC児からビービー弾を受け取ることを拒んだ。

　C児は，もう一回，A児のもとに戻ってきて「このまま話し合いしなくていいの？」と声をかけた。A児は急に「話を聞いてほしいの？」と応えた。C児が「じゃあ，2人とも全部だそうよ」と提案すると，A児はポケットに入っているものを全部だした。ところが，ポケットの中身のあまりの多さに，A児とC児のどちらが多いかはわからない状況に。2人はしゃがみこんで，地面にポケットの中身を全部ひろげ，その中からビービー弾だけ手のひらにのせて，どっちが多いかを数え出した。A児の方が少ないことがわかると，C児は「これはAちゃんの方にのせようね。これで同じになるでしょ，よく見て」と言ってビービー弾を分け始めた。

　ビービー弾を分け合うと，C児が色付き，A児は白色のビービー弾になった。C児が「僕の色のばっかりだから，色の一ついる？」とA児に声をかける。A児は「ううん，僕はシロでいい。これでもいいよ」と言って，2人はげらげら笑い出した。

　B児が立ち去った後，今度は，C児がA児のもとにやってくる。C児はポケットからビービー弾をとり出し，A児にあげようとするが，B児の時と同じように，A児はC児のビービー弾を受け取ることを拒否する。

　ここでもA児は，C児の申し出をB児と同じ理由で断っている。A児の論理はこうだ。先に見つけたのが自分であっても，他の人がとっていった以上，それはその人の物だ。他の人の物になった松ぼっくりやビービー弾を，自分はも

らいたいわけではない。それではまるで自分が人の物をとるみたいではないか。A児には，B児やC児の申し出を受け入れられない理由がある。「人が先にとった物はその人の物」，そうA児は考えているのではないだろうか。それは，ハイキングの道中で拾った物が自分の物なのか，人の物なのかを区別するA児なりのルールと言い換えることもできるだろう。

　興味深いのは，C児の「このまま話し合いしなくていいの？」という問いかけに，A児は「話を聞いてほしいの？」と反応し，C児と話し合う姿勢をみせていることである。B児の時とは異なる反応を見せたA児は，「じゃあ，2人とも全部だそうよ」というC児の提案に応じ，ビービー弾だけを手のひらに出して，どちらが多いかを数え始めている。そして，A児の方がビービー弾の数が少ないことがわかると，A児とC児はお互いの数が同じになるようにビービー弾を分けている。

　A児とC児がビービー弾を分け始めたとき，「人が先にとった者はその人の物」というA児のルールは消滅し，「2人で同じ数のビービー弾を分け合う」という新たなルールがA児とC児によって作り出されたといえる。さらに，こうした新たなルールの創出は，A児とC児のやりとりの中で調整されているという点は重要である。ビービー弾を分けた結果，A児は白色，C児は色付きのビービー弾を手にすることになった[*4]。これに対して，C児が「僕の色のばっかりだから，色の一ついる？」とA児に問いかけると，A児は「ううん，僕はシロでいい。これでもいいよ」と応じている。ビービー弾の色ではなく，数を同じにする。このルールがA児とC児の間で成立するとき，ビービー弾をめぐるA児とC児の「トラブル」は解決し，2人は笑顔になっているのである。

（2）マニュアル化できない「トラブル」の解決

　ここまでA児とB児やC児との関わりを見てきた。A児の葛藤から始まった「トラブル」（事例6-2）は，A児とB児（事例6-3），A児とC児（事例6-4）がそれぞれのタイミングで関わる中で，子ども同士が笑い合う姿へと変化していった。そして，改めて確認したいのは，保育者は一貫して，子どもたちのやりとりに介入していないという点である。保育者は，A児とB児，A児とC児の間で「トラブル」が起きていることは認識している。それでも保育者は子どもたちのやりとりに介入してはいない。つまり，保育者は「トラブルに介入しない」という対応を選択しているのである。ここに決してマニュアル化できない保育現場の「トラブル」への対応がみてとれる。

1）「どうしたの？」という問いかけ

しかし一方で，「トラブルに介入しない」という判断もあるが，子ども同士の「トラブル」に遭遇したら，保育者が間に入って「どうしたの？」と状況確認することが大事，読者の多くはそう考えてはいないだろうか[5]。子どもが他の子の物をとったり，叩いたりしたのであれば，「どうしてしちゃったの（なぜ叩いちゃったの／なぜとっちゃったの）？」と保育者は問いかけることがある[6]。先の事例でいえば，A児が見つけた松ぼっくりをとっていったB児に，「それAちゃんが見つけたんだよ。どうしてとっていったの？」と保育者が声をかけていても不思議ではない。しかし，この事例には，いずれの言葉も発せられていない。むしろ，保育者が子どもたちの様子を静観したことで，A児とB児，さらにはA児とC児とのやりとりへと広がっていったとも考えられる。子ども同士の「トラブル」には，保育者の介入がなくても，子ども同士で向き合い，子どもなりの納得の仕方を導き出す可能性があることを意識しておきたい。

2）「ごめんね」という言葉
―解決の方法ではなく，しきり直しの合図―

「トラブル」の解決というと，保育者が子どもの間に入って何が起きたのか事実確認を行い，「トラブル」の原因を特定したうえで，子どもがお互いに「ごめんね」と言い合う姿を想像するかもしれない。確かに「ごめんね」という謝りの言葉は，社会のルールとして必要な形ではあるが，それ自体が解決方法というわけではない。たとえ「ごめんね」という言葉がなくても，後でおもちゃを持っていったり，同じ遊びを一緒にする等して，お互いの気持ちが修復することも多い。むしろ，保育者が「トラブル」の解決方法として「ごめんね」の言葉を引き出そうとして，形のみの修復で終わる可能性もある。

「ごめんね」の言葉の先にも子どもたちの生活は続いていく。今，目の前で起きている「トラブル」は，子どもたちにとって人間関係の修復をも含めた経験の場であることを改めて理解しておく必要がある。

＊5　「どうしたの？」という問いかけは，言い方によっては「裁判官的な対応」になる怖れがあるとの指摘もある。

中村万紀子「第46回日本保育学会報告（II）けんか場面と保育者：三歳児のクラスで」，幼児の教育，92巻10号，1993，pp.33-40.

＊6　「どうしてしちゃったの？」という保育者の言葉がけは，手を出してしまった子どもの行動に注目し，その行動を非難する言葉として子どもは受け取る可能性がある。自分が非難されたと思った子どもは，「だって○○ちゃんが〜！」と強く反応し，子どもの言い争いを一層，助長させてしまうこともあるという（保育者インタビューより）。

● 演習課題

課題1：かみつかれた子，かみついた子，双方の保護者に何をどのように伝えるか考えてみよう。

課題2：保育者が介入した方がよいと判断される子ども同士のトラブルとは，どのような場合だろうか。具体的な状況をあげて話し合ってみよう。

課題3：子ども同士のトラブルに介入する際に，子どもにどんな言葉をかけるか考えてみよう。

コラム 幼児期のもめごとをどうみるか–子どもの生活世界に即した理解の試み–

　本章のタイトルは「子どものいざこざと人間関係」である。しかし，本文中では，「いざこざ」の他に「トラブル」という表現も用いている。「いざこざ」と「トラブル」の言葉の意味は似ている。例えば，デジタル大辞泉で「いざこざ」と「トラブル」をひくと次のような説明が出てくる。「いざこざ…もめごと。争いごと。ごたごた。トラブル…いざこざ。紛争。悶着」この定義をみる限り，「トラブル」に「いざこざ」が含まれており，定義の上では，ほぼ同義として扱われていることがわかる。

　しかしながら，これはあくまで辞書上の定義に従った言葉の意味であって，日常的な保育実践の場面では，必ずしも先の定義に従って言葉が用いられているわけではない。そもそも「いざこざ」も「トラブル」も，子ども自身が日常的に使う言葉ではない。むしろ，その主な使用者は保育者や研究者である。「いざこざ」も「トラブル」も，子ども以外の第三者が，子どもたちの間で起きている出来事を記述する際に用いる言葉である。つまり，「いざこざ」か「トラブル」かの区別は保育者や研究者がどのような出来事を「いざこざ」や「トラブル」と呼びうるのかという問題を提起する。それはいわば，子どもたちの間で起きている出来事を，保育者や研究者がどのように理解しようとしているのかを問うことでもある。

　その意味で，子どもに特有の「いざこざ」や「トラブル」の一類型として言及される「かみつき」や「ひっかき」，「物の取り合い」といったカテゴリーもまた興味深い出来事といえる。というのも，たとえ「かみつき」や「ひっかき」，「物の取り合い」が「トラブル」や「いざこざ」の一類型であったとしても，保育者はこれらの出来事にみられる子ども同士の関わりを決してネガティブな意味でとらえているわけではないからである。むしろ，保育者は，これらの出来事を子どもが豊かな人間関係を築いていくうえで必要不可欠な出来事だと考え，肯定的な意味合いでとらえている。こうした保育者の認識は，「かみつき」が生じない環境構成に配慮しながらも，「かみつき」を媒介にして生じた他児との関わりを保障しようとする姿にも現れている。「トラブル場面はトラブルではない」，「トラブルは成長を見る場面」という言明にみてとれるように[1]，保育実践の場面では，「トラブル」と認識される出来事が，子どもの成長・発達に関わる重要な出来事（むしろ，肯定的とも認識される出来事）として理解されているのである。

　それゆえ，保育者は「いざこざ」や「トラブル」にどう関わっていくかが課題とされてきたし[2]，子どもの年齢や成長・発達段階に応じた「いざこざ」や「トラブル」の特徴，さらには解決方法の違いを明らかにする研究が蓄積されてきた[3]。言い換えれば，こうした研究の蓄積からは，子どもの生活世界に即して子ども同士の関わり合いを理解しようと試行錯誤してきた保育者の姿が見えてくるのである。

＊1　友定啓子「子どものトラブルと保育者（巻頭言）」，幼児の教育，107巻8号，2008，pp.4-7.
＊2　友定啓子・白石敏行・入江礼子・小原敏郎「子ども同士のトラブルに保育者はどうかかわっているか—『トラブル場面』の保育的意義」，研究論叢 芸術・体育・教育・心理，57巻，2007，pp.117-128.

＊ 3　倉持清美「幼稚園の中のものをめぐる子ども同士のいざこざ—いざこざで使用される方略と子ども同士の関係」，
　　　発達心理学研究，第 3 巻，第 1 号，1992，pp.1-8.
　　　都築郁子・上田淑子「子ども同士のトラブルに対する 3 歳児のかかわり方の発達的変化」，保育学研究，第 47 巻，
　　　第 1 号，2009，pp.22-30.

第7章 子どもの様々な感情と人間関係

絵本『気持ちの本』[1]は，「人には，沢山の気持ちがある。…人は，いろんな気持ちになる。どんな気持ちも，大切だよ」から始まり「うれしい気持ちを人に伝えると，それは2倍になり，かなしい気持ちを人に伝えると，それは半分にへる」と続いていく。これは人と一緒に生活しているから経験できることである。しかし最近，子どもの感情の出し方が不自然になってきていると感じる。保育の場でも，不快な感情をあまり出さない子どもが，予想外の事柄やタイミングで感情の爆発を起こすことが増えている。これは人間関係の希薄さやコミュニケーション力が育っていないことが原因であると思われる。

子どもの様々な感情表現についてふれ，人との関係の中で感情体験が豊かに育まれていくことが，人間関係の深まりにつながることについて考えていく。

1) 森田ゆり作『気持ちの本』童話館出版，2003，p.2.

1 様々な感情が出せる場の保障

就学前保育・教育施設（幼稚園，保育所，認定こども園をいう）は，複数の子どもが生活しているので，周囲の環境（身近な人々，動植物，もの等）へ自分から働きかけることによって，様々な感情を体験できる場である。そしてそこには，子どもの心の動きに細やかに対応し援助してくれる保育者（幼稚園教諭，保育士，保育教諭をいう）や，気持ちを受け止めてくれる仲間がいる。

感情は，周りとの関係の中で快の感情になったり不快な感情になったりするので，子どもたちは皆と一緒に生活する中で，多様な感情を体験することができる。このように様々な感情を体験しながら，自分の中のよくわからない気持ちや他の人の気持ちにも気付き，いろいろな表わし方を知ることで少しずつ人間関係が深まっていく。しかし，一方で子どもは保育者や大人の無意識の価値

観（感情を出さずに聞き分けのよい子を求めていたり，快の感情は出してよいが不快な感情は出さない方がよい等）を感じ取り，「怒らないように」「泣かないように」と負の感情が出せなかったりすることもある。

（1）感情が出せる関係とは

感情は誰でもいつでも出せるというものではなく，乳児期に自分の感情を大好きな人（大人）に受け止めてもらった経験が基になり，安心して出せるようになる。遠藤利彦は，「アタッチメント（くっつき）は，恐れ・不安・欲求不満などの感情を出した時，特定の誰かとくっついて安全や安心の感覚を得ようとすることで，その気持ちを受け止めてもらい安心感を得られると見通しが持てるようになる」とし，「そのような経験が自律的な探索活動につながっていく。そして探索していく中で，自然に適度なネガティブな感情も経験していく」[2]と述べている。また加藤繁美は，「乳幼児期は対話的保育が大切であるとし，感情を出せる関係をつくり，出した時は子ども一人一人の思いをきちんと聞き取る保育者の存在が求められる」[3]と指摘している。つまり，感情は，お互いに出し合えるから人との関係が深まるといえるし，人間関係がしっかりできているからこそ感情が出せるともいえる。さらに感情を出せば，周りにいる人は必ず関心を示してくれるし，何とかしようとしてくれるので，感情を出すということは人に何とかして欲しいというサインであるとも考えられる。逆に受け止めてもらえなければ，次第に感情を出さなくなる。

（2）様々な感情を出すことの意味

絵本『きもち』は，それぞれの状況で変わっていく子どもの「きもち」が絵を通して語られている。「いろんな　きもちが　うまれては　きえ　きえてはうまれる。やさしいきもち　おこるきもち　はずかしいきもち　おそろしいきもち・・・　こどもも　おとなも　きもちは　おんなじ。　でも　じぶんのきもちと　ひとのきもちは　ちがう。ひとが　どんな　きもちか　かんがえてみよう」[4]。様々な葛藤がある時，心の中に，出たり消えたりする自分の気持ちがあることは大人も子どもも同じだけれども，自分の気持ちと人の気持ちは違うから考えていこうという人間関係の基本が書かれている。

感情は周りとの関係の中で絶えず変化するので，子どもは日々様々な感情を体験している。うれしい，楽しい，得意な気持ち等の快の感情もあれば，悲しい，寂しい，不安，怒り，悔しい，嫉妬，意地悪，イライラする等の不快な感情もある。快の感情は，他者と共有することで，さらに喜びを実感し，より主体的に関わる気持ちを作っていく原動力にもなる。一方，不快な感情は，他者

2)　遠藤利彦「子どもの発達はそ・れ・ぞ・れ」全日私幼連PTA新聞，2016年7月.

3)　加藤繁美『0歳〜6歳　心の育ちと対話する保育の本』学研プラス，2012.

4)　谷川俊太郎　文，長新太　絵『きもち』福音館書店，2008，pp.22-25.

と共有することに時間がかかる場合が多い。その表し方は，一方的に気持ちをぶつけただけになったり，そのまま出さずに我慢したり，その場から離れて一人で気持ちをおさめようとしたりする等，いろいろである。しかし，その不快な気持ちを大人にしっかり受け止めてもらえると快の感情（うれしさ，喜び，安心感）に変わっていく。

　絵本『いいこってどんなこ？』[5]は，うさぎのバニーが自分はお母さんからどのように思われているだろうかと不安になり，お母さんという他者を支えに「わたし」をつくっていこうとする話である。うさぎのバニーは「泣く子はきらいでしょ？」「おこりんぼうもいやでしょ？」とお母さんに聞いていく。最後に「バニーがどんな子ならお母さんはうれしい？」と聞くとお母さんはバニーの感じている奥の気持ちを感じ取り，「バニーは今のままのバニーが一番よ」と優しく返している。

　子どもは大人の評価が気になり，時には不安になり確認する時がある。不安になった時には，子どもは大人とやり取りをしながら，そのままの感情を出してもよいのだということを知り，安心感を得ていく姿が伝わってくる。さらに人はいろいろな感情をもっているということも知っていく。このような体験は，人を理解していく上で欠かせないことである。

5）　ジーン　モデシット文，ロビン　スポワート絵，もきかずこ訳『いいこってどんなこ』冨山房，1994.

2　感情の理解と関わり

　人の感情を理解することはとても難しいが，理解しなければ適切な関わりはできない。それは保育者だけでなく，一緒にいる子どもたちも同じである。

（1）感情表現が乏しい子どもとの関わり

　保育者は子どもの感情を理解しようと動いているので，感情がつかめない子どもに対しては，いろいろと聞き出そうとしてしまう傾向がある。次の事例は，感情が乏しい子どもに対しての関わりからの保育者の気付きである。

事例7−1　話さないと先生わからないんだ

　A児（3歳）は，入園当初から登園を渋ることなくクラスに入る。しかし保育者が朝の挨拶をしても反応はない。朝の身支度を終えると机に用意してある粘土を始める。A児は喋らなかった。2人担任であったので，保育者同士でもう少し感情を出して欲しいと話し合い，なるべく一緒にいながら声をかけるようにした。B担任はA児の隣に座り，「バスのってきたの？」「今日，ごはん食べてきた？」等，イエス・ノウ質問をした。気がついたら担任の2人とも同じようなことを聞いていた。

> 　A児が首をかすかに動かすことで会話をした気になっていたが，A児の表情はまったく変わらなかった。そこで自分たちの関わりを見直してみると，保育者が喋らせようとA児近づくことは，A児にとっては負担になると理解し，楽しそうな雰囲気の中で自然と気持ちが動くように，子どもたちが大好きな追かけごっこを他児も巻き込んでしてみることにした。徐々にA児は加わってきた。ある時，皆の笑い声と一緒にA児も笑っていた。その後，自分から保育者を触ってきたりし，どんどん感情を表現するようになった。

〔事例の考察〕

　感情の表現が少ない子どもに対して，保育者は何とかその子の感じた気持ちを知りたいと思い，質問に答えてもらおうとしてしまいがちである。身体がほぐれると表現が豊かになるように，楽しさにつられて身体が動いてしまうような体験が大事であるということをA児との関わりを通して気付いた。

（2）"泣き"の発達の姿

　ここでは自然な感情の表れの一つである"泣く"ことについて考えていきたい。
　乳児は生理的に泣くが，自我が芽生えてくると，自分の意図を汲み取ってもらえない時や気に入らない時に，自己主張の手段として泣く。そして泣いているうちにますます感情が高ぶってヒステリックに泣く。このように激しく泣くということは，甘えと共に，自分を出せるから泣く。人は相手との関係の中で自分を出してよい時しか泣けない。年少児によく見られるが，強い要求をする時に，はじめは手段として泣き，だんだん感極まってきて自分でもおさまりどころがわからなくなってしまい，泣ききるまで泣いてしまうことがある。そのような場合は，言葉でなにかいうよりも，抱きしめてあげたり，さすってあげたりすると気持ちが落ち着く。しかし，感情が複雑に発達してきているので一筋縄ではいかない。

<aside>6)　中川ひろたか 作，長新太 絵『ないた』金の星社，2004.</aside>

　絵本『ないた』[6] は，泣くことについて，物理的・生理的な痛さで泣く，人との関係の中で思い通りにならなかったりして泣く，できなかったりして悔しくて泣く，迷子になるというような孤独感で泣く，うれしくて泣く，怖くて泣く，寂しくて泣く等，いろいろな場面が描かれている。秋田喜代美は，"泣き"について『絵本で子育て』[7] の中で，「子どもは，泣きを通して自己の育ちを見せてくれている」とし「子どもが笑っていたり，元気にしていると，成長していると実感しがちですが，泣いたり，別れたり，うまくいかなかったり，そのようなことのあとにこそ，子どもは大きく育っていく…」と述べている。さらに，「子どもたちも園で他の子どもが泣いているのを見て，自分もこんなふうに泣けばだれかが声をかけてくれるのかな，と学ぶのかもしれませ

<aside>7)　秋田喜代美・増田時枝『絵本で子育て』岩崎書店，2009, p.149.</aside>

ん。社会的な面と，物理的な面と，自己の心の育ちが重なりあって"泣き"は表れるのです」と書かれている。子どもが泣いている気持ちや泣き方も発達の姿として表れているので，その気持ちを受け止め，共感していく大人や友だちの存在が求められる。

（3）負の感情のいろいろ

感情はその時の気持ちの動きでどんどん変わる一方で，ため込んでいることもある。少し前に嫌なことがあったからちょっと意地悪をする（少し弱そうな別の人にすることも多くある）。この人と仲良くなりたいから他の人を仲間外れにする等，いろいろな感情がある。

事例7−2　ここはダメ！：いじわるの事例

B児（3歳）は，集まりで並べてある椅子に座っているが，隣にC児（男，3歳）が座ろうとすると「ここはダメ！」と椅子に手を置いて座らせないようにする。特に誰に座って欲しいわけでもない。

理由を聞くと「だってだめなんだもの」と言うが，C児がダメということではなく，何となく嫌なことがあった気持ちを思い出しての行為だった。

〔事例の考察〕

相手が嫌がりそうなことをしている時に，正当な理由があることもあるが，この事例のように，特に理由がなく自分の気持ちで相手に当たることがある。このような場合に，当事者（C児）の前で「なぜ？」を聞いていくと自分の行動を正当化するので言い訳になってしまい，本音から外れたことを言わせてしまうことになる。言わせてしまったことは修正ができないので，保育者が，「それは，やめようね」とすっきり行動を止めることも一つの援助である。

事例7−3　入れないの！：仲間はずしの事例（4歳児　5月）

D児，E児，F児，G児の4人は新しいクラスになった友だちである。気が合いおすし屋さんごっこを始めた。その横でH児（男）が入りたそうにしていたが，その様子を感じる余裕もないようで，忙しそうにおすしを作ったり，お客さんを呼びにいったりしている。4人は動きながら気持ちが合う楽しさを感じているようだった。H児が「入れて」と言うと，「だめなの」と答える。何度かそのやり取りが続く。保育者は4人が今のつながりを大事にしたいという思いを受け止め，「今は，入れたくないの？」と聞くと「今はダメなの」と言う。H児はクラスでは，腕白で元気だが，時々先生の言うことを聞かない子であった。何日かすると，お店の前に折り紙に「いじわるのしとわはいれません　おすしや」という紙が貼ってあった。

貼り紙

〔事例の考察〕

　D児たち4人は，仲間になって遊び始めたところで，一緒におすし屋さんごっこをすることが楽しくてしょうがない様子だった。そこにH児が入ると多分この遊びが壊れるという危機感を感じているのだろう。仲間のつながりは他者を排除することで確認することもある。保育者はその思いを受け止めて，あえて「今は入れたくないの？」と言う言い方をした。D児たちも「今はダメなの」と答えたので，入れてあげようかなと思う時がきたら入れようと，D児たちは条件を折り紙に書いて貼ったと思われる。

　仲間をはずしてみたり，空いているのに座らせなかったり，ちょっと押してみたり等，意地悪と思える姿は保育の中では，いろいろな場面で見られる。その時に大事なのは，「なぜするの？」と理由を聞いてもなかなか解決しない。理由を聞くよりも，意地悪をしている子どもの気持ちに寄り添い，受け止めていくことが必要になってくる。

（4）やりとりをしながら気持ちを理解していく

　人はいろいろな人の様々な気持ちに共感しながら，前後の状況やその子らしさからいろいろと考えをめぐらせ，対応を探っていく。また感情を出すということは，周りにいる人がその人を理解する手がかりにもなっている。

　次の事例は5歳児（女）のけんかの場面である。近くにいた保育者と4歳児が加わり，やりとりをしながらお互いの気持を理解している。

事例7－4　まねしないで！（5歳児　12月）

　I児とJ児が積み木でタワーを作っていた。少し離れたところでK児とL児がタワーを作り始めた。K児たちの作るタワーの方はどんどん高くなり，脚立を使って積み始めたところで，I児はK児の所へ行き「私たちの真似しないで！」と強い口調で言う。K児は何にも言えずにじっとI児を見ている。それを見ていた4歳児のM児は，近くにいた保育者に「大変！けんかしている」と助けを求める。I児はちらっと保育者を見るが，「『真似しないで！』って言っているの！」「何とか言いなさいよ！」とK児への口調はどんどん激しくなる。保育者は「真似してもいいじゃない」と聞こえるように言う。すると4歳児のM児は「真似したから嫌だったんじゃない？」と言うと，I児は「そうだよ！」と言う。そこで保育者は「真似したくなるくらい素敵だったんじゃない」と言うと，I児は「先生に見せたかったから，私たちだけで」と落ち着いて言う。するとL児は「私たち，別に見せなくってもいいよね」と言うと，K児は「うん」と言う。そこで保育者は「言い方が怖かったんじゃない？」「もう少し優しく言ったらよかったね。先生もそういう風に言われたら言えなくなっちゃう」と言うとK児は突然，泣き出す。しかしI児は言い続ける。保育者が

I児に「こんなに泣いているのにまだ言うの？」と止めるが，口調は変わらず言い続ける。そこで，保育者はI児に「先生に見せたかったんだよね」と言うと，「あっ，そうだった」とJ児の所に戻り，積み木を積み始める。片付けの時間がくると，K児は保育者に「これ見守っててね。両方（I児たち積み木を指さす）」と言いクラスに戻る。お弁当の時間，先程の保育者がK児に「見守っているよ。両方ね」と言っていると，それを聞いたI児は，K児の所に行き，「ありがとう。さっきはごめんね」と言う。

〔事例の考察〕

　最初，保育者はI児がなぜ怒鳴り声をあげているのかがわからなかった。しかし，傍にいた4歳児のM児が「真似したから嫌だったんじゃない？」とI児の気持にふれると，I児の気持ちはほぐれ，「そうだよ！」と言い，I児は，自分たちの積み木だけを先生に見せたかったことを伝えた。同時にK児たちは先生に見せるためにしているのではないことも知った。ここで保育者はI児がK児に嫉妬の気持ちで怒っているということがわかった。本人も途中で気がついたのかもしれないと思った。でも怒鳴り続けるI児を，保育者はプライド

写真7-1　そおっと　そおっと

が高い（I児らしさ）ために自分の気持を引くに引けなくなってしまったと解釈し，「先生に見せたかったんだよね」と助け舟を出す。I児はホッとした表情をして，J児の所に戻り，積み木の続きをした。後で，片付けの時にK児がI児たちの積み木も先生に頼んで守ってもらったことを知り，K児に「ありがとう。さっきはごめんね」と伝えた。感情は時には抑えられなくなることもある。やりとりをしていくと，少しずつ感情の裏にある気持ちにふれ，和んでくる。けんかの場合は謝らないと終わらない，あるいは謝ると終わりになるような解決策になってしまうことがあるが，この事例のように嫉妬心や妬み等の感情は，プライドがあるので，この事例のようにその場の雰囲気を変えるような保育者の援助の仕方もある。

　また，4歳児M児は，いつも自分の思いが強く出てしまうので，友だちとトラブルも多かった。担任はその都度，M児に相手の気持ちを伝え，自分の気持ちを調整できるようにと願っていた。この場面でM児は，客観的な立場でI児とK児のトラブルを見ているが，I児の気持ちを受け止められていた。自由な遊びの場面で確認できたM児の育ちである。

8)　文部科学省『幼稚園教育要領』〔第1章　第2　3（4）〕，2017.

*1　おねこさんは気に入らないことがあるといつもふてくされて，ほっぺを膨らませているので，ある日，あんまりふてくされて，とうとう風船になって空へとんでいってしまうという話。

せなけいこ 作・絵『ふうせんねこ』福音館書店，1972.

3　感情表現と自我の育ちとの関係

感情を自分でコントロールしていくことは，自我の育ちにも大きく影響している。幼稚園教育要領でも「自分の気持ちを調整し，友だちと折り合いを付け」[8]る力を育むことは，重点が置かれている。表現した感情が相手やその時々のいろいろな状況とやりとりをしながら変わっていく経験をすることが大切である。まずは，自分の気持ちに気付き，それを表現できるようになると，相手も感情をもっていることにも気付き，感情が同じ時は共感し合い喜びを感じるが，必ずしも同じではないのでぶつかり合いが生じる。そのような場合は自分の感情を相手に伝え，相手の感情も受け入れながら自分の気持を調整していくことが必要になってくる。つまり，表した感情が相手やその時々のいろいろな状況とやり取りしながら変わっていく経験をすることが大切である。

（1）ファンタジーな世界にふれ，気持ちを変える

うまく気持ちを立て直すことは，事例7－4のように不快な感情を快の感情で消せることではあるが，いろいろな感情が出たり入ったりするので，その出し方は様々である。次の事例は，自分の今まで経験した気持ちを思い出し，気持ちを調整している。

事例7－5　空に飛んでいくの　嫌だ！（3歳児　12月）

N児は，思うようにならないことがあると，すぐに「もう！」と怒鳴り声をあげて怒り，時々手が出ることもあった。保育者は，子どもたちの大好きな絵本『ふうせんねこ』*1を読んで，みんなで楽しんだことを思い出し，「あっ！大変！　N君のほっぺたが膨らんできた。空へ飛んでいっちゃう。悲しいな」と言ったら，近くにいたO児も「大変！　飛んでいっちゃう！」と言う。N児は一瞬「あっ」という顔をし，「空へ飛んでいくの嫌だ」と言いながら，気持ちを変え，友だちと遊び始めた。

〔事例の考察〕

N児は絵本の読みきかせを聞きながら，主人公のおねこさんに親しみをもち，面白さを共有していた。一方で裏表紙にあるお母さんが屋根の上でおねこさんが帰ってくるのを待っている絵を真剣に見ていた姿から，あんまり怒ってばかりいると空へ飛んで行って，お母さんに会えなくなってしまうかもしれないという不安も感じていた。また，お母さんの寂しそうな気持ちも心に残っていたと思われる。絵本の世界を通して，このような感情を体験していくことも気持ちを立て直すきっかけになっていく。気持ちを調整する力は，生活の中で多く

絵本に親しむこと，ファンタジーな世界を楽しむこと，友だちとのつながりを
たくさん味わっていることが必要になってくる。

（2）すぐに感情は変えられない

　感情は，相手との関係の中で変わっていくが，そんなに簡単に変わらないも
のである。絵本『わたしのぼうし』[9]は，私の大切な帽子を列車の窓から飛
ばされて泣く。お母さんが大好きなアイスクリームを買ってくれても食べな
い。お父さんが「とばされたのがおまえでなくてよかった」と言ってくれた
り，新しい帽子を買ってきてくれたりしても気持ちは晴れない。自分にとって
意味あるものの存在に気付き，激しく感情を出す。新しい帽子を被らない日が
何日も続くが，そんな気持ちに共感してくれた兄の存在や蝶や蟻と関わりなが
ら，新しい帽子を自分から被り，自分の帽子になるという話である。自分の感
情と向き合うからこそ時間がかかるが自分で気持ちを変えられた経験になる。
この力は困難なことがあっても，それを乗り越える力となっていく。不快感情
を経験した後，そのまま否定的な気持ちを引きずるのではなく，なんとか折り
合いをつけて前に進めるようなしなやかさをもつことが重要である。しかし，
この基盤は，人と一緒に快感情をたくさん味わっていることである。

9)　さのようこ 作・
絵『わたしのぼうし』
ポプラ社，1976.

（3）葛藤の中で

　子どもの中に自我が出てくると，自分の要求を他者に伝えようとし自己主張
の塊のように駄々をこね，泣いて要求を通そうとする姿がある。その時に保育
者がそれを抑えつけようとすると手がつけられないくらい大暴れすることもあ
る。しかし，保育者に自分の気持ちをしっかりと受け止めてもらえると，次第
に，こうありたい第2の自我が出てきて，「自我」と「第2の自我」という二
つの自我世界の葛藤が起こる。この時に感情は複雑に動くのでその感情と共に
自分の中の自我世界を豊かに育てていくことになる。このように，自我の育ち
と感情表現とは密接な関係にあるといえる。次の事例は，かけっこの20秒足ら
ずの時間の中に，感情を表現しながら，1番になりたいが，なれない自分を受
け入れていく姿が表れている。

事例7－6　かけっこ　～思い通りにならない悔しさ～

　P児（4歳）は，かけっこでQ児（4歳）には負けると怒ってQ児を叩き「1番になりたかった」
と泣きわめいていた。その都度，担任はP児の一番になりたい気持ちを受け止め，頑張りを認め
ていた。
　運動会当日，P児はQ児に抜かされると首を傾け，自分の頭を叩きながら走り，下を向いてゴ

ールする。担任に頭をなぜてもらうと，両手で顔を隠しベンチに戻る。途中で先に着いていたQ児がP児を迎えにいき，P児に声をかけ頭をなでる。そして二人でベンチに並んで坐る。しばらくするとP児は笑顔でQ児と一緒にお茶を飲みに行く。

写真7－2　首をかしげる

写真7－3　頭をたたく

写真7－4　下を向いてゴール

写真7－5　先生に頭をなでられる

写真7－6　両手で泣いている顔を隠す

写真7－7　Q児に声をかけられて見る

写真7－8　Q児がP児の頭をなでる（慰める）

写真7－9　2人で並んで座る

写真7－10　笑顔でお茶を飲みに行く

〔事例の考察〕

　　P児は，Q児に負けてしまった悔しい気持ちをその都度担任がしっかりと受け止めてくれたので，P児の心が開きたくさんの感情表現ができていたのだと思える。また励ましてくれたQ児の気持ちを受け入れられた。P児は家に帰る途中，「ゴールした時，先生が頭をなでてくれたんだよ」とスッキリした表情

で母親に話した。

●演習課題

課題1：園生活の中で子どもたちが経験する様々な感情の表現を探してみよう。

課題2：感情表現が表われている絵本を探し，どんな時に読んであげたいかを考えてみよう。

課題3：4歳児10月の姿，最近気が合い楽しそうに遊んでいるR児（女）とS児（女）。帰りの支度中，S児が「R子に嫌なこと言われた」と泣いていた。保育者がR児に話を聞いてみると，「最初にS子が嫌なこと言ったから，『そんなこと言うともう遊ばないよ』って言っただけだよ」と言う。それを聞いたS児はバツが悪くなったようで大笑い。R児も一緒に笑い「もう大丈夫だよね」と何もなかったように手をつないでいた。

　　　　　あなたが保育者ならば，どのように考えるだろうか。

●参考文献

青木久子・間藤　侑・河邉貴子『子ども理解とカウンセリングマインド』萌文書林，2001.

コラム　　思いを伝えることと感情

●運動会の後に園長先生に渡した手紙（T児，5歳）

　裏面には運動会の種目（荒馬踊り・組体操・リレー）が総括されて描かれていた。表面には
「うんどうかい　たのしかった。いいようちえんですね」とあった。園長先生は裏と表を何度
も返し見ながら，T児の充実した気持ちが伝わってきた。気持ちを表したエネルギーをもらえ
た。「たのしかったね。よくがんばりました」と返信した。

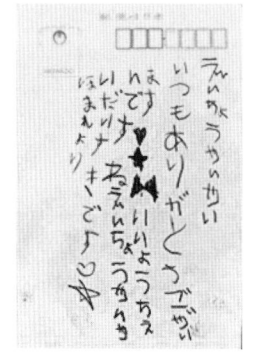

写真 7 −11　表面

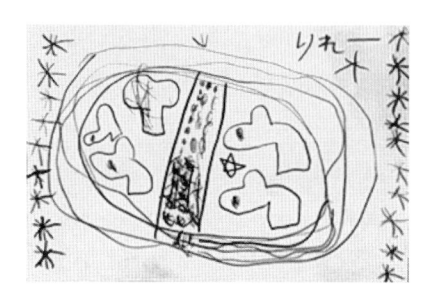

写真 7 −12　裏面

●自分へのメッセージで気持ちが落ち着く（U児，4歳）

　運動会の徒競走が不安で落ち着かなかったU児は，
運動会の当日の朝，自分で紙に「わたし　がんばる
〜ちゃんもがんばる」と書く。そして，運動会が終わ
り家に帰ると「わたし　がんばった　たのしかった」
と続きを書く。書いたことで自分の感情が整理でき，
自分で運動会の不安を乗り越えていった経験となっ
た。

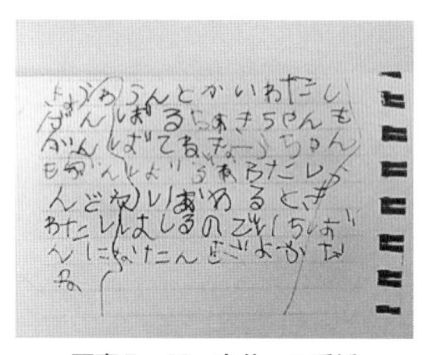

写真 7 −13　自分への手紙

第**8**章 他者への賞賛と人間関係

　私たちは，「ほめる」，「思いやり」，「平等」という言葉を普段何気なく使っていないだろうか。本章では，これらを一つずつ丁寧に考えていきたい。具体的には，子ども同士の人間関係における賞賛の意味や，思いやりの意味について考えを深める。そこから，保育者の在り方について考えを深めていきたい。最後に，様々な平等の在り方について，事例を通して考え，保育の営みとして大切なことはどのようなものなのかについても考えていきたい。

1 賞賛と人間関係

　第1節では，子ども同士の関わりの事例から，賞賛とはどのようなものであるのかについて考えていく。また，子ども同士の賞賛の事例から，賞賛と人間関係について考え，さらに，保育者の在り方について考えていく。

(1) 賞賛とは

　賞賛とは，「称賛。ほめたたえること。賛美。」[1] とある。では，ほめたたえるとはどのようなことなのであろうか。次の事例から考えてみよう。

1) 新村 出編『広辞苑 第6版』岩波書店，2016，p.1377.

事例8－1　A児のケーキづくり　5歳　6月

　5歳児クラスでは，お店屋さんごっこが連日繰り広げられている。レジづくりに取り組む子どもたち，レストラン内のテーブルやいすの設定に取り組む子どもたち，ウエイターやウエイトレスになりきる子どもたち，ケーキやマカロン作りに取り組む子どもたち，それぞれの子どもたちが，役割をもって取り組んでいる。制作が得意ではないことを自分でも感じているA児（5歳）も，紙皿をケーキに見立てて，その上に赤い折り紙を丸めてイチゴを作ったり，色とりどりの折り紙を切ったり貼ったりしながらケーキ作りに真剣に取り組んでいる。ようやくお店屋さんごっ

こが始まると，「チーズケーキをお願いします」と注文が入る。A児は注文を受けると，ケーキをトレーに載せて，落とさないように気をつけながら，テーブルに運び，得意げに「チーズケーキです」という。B児（5歳）からは「うわあ，これだあ！」と感嘆の声。A児は何ともいえないうれしそうな表情である。

　　A児は，B児の「うわあ，これだあ！」という感嘆の声を受けて，何ともいえないうれしそうな表情をしている。制作が得意ではないと感じていたA児にとって，一生懸命作ったケーキをほめてくれたB児の言葉は何よりもうれしい賞賛であったのではないだろうか。また，人に喜ばれるケーキを作ることができたことの自分への誇り，仲間の一員としての誇り等を感じたのではないだろうか。

　　B児は，意図的に何かの目的のためにA児をほめているのではない。A児の作ったケーキが本当に素敵なものだから，B児の心が動かされ，「うわあ，これだあ！」という表現での賞賛が生まれたのである。つまり，賞賛はその人の中で心が動かされることがあって初めて生まれてくるのである。

　　また，賞賛は，心が動かされる出来事や存在に対しての応答なのであって，その表現の仕方にはいろいろある。言葉で表現することもあれば，拍手をしたり，涙を流したり，歓喜の声を発したり，飛び跳ねて全身を使って表現することもあるだろう。言葉や体を思うように動かせない人でも指一本動かしたり，目や口にぐっと力を入れて表情により表現したりすることもあるだろう。

（2）子ども同士の中の賞賛

事例8-2　「C児は，すごいんだよ！」子ども同士の中の賞賛

　C児（5歳）は，4歳児クラスの当時，5歳児クラスにいたD児（5歳）にとてもあこがれて，D児と一緒にいることが多かった。D児は，運動神経がとてもよく，竹馬も上手であった。C児は，D児と共に遊ぶ中で，乗れなかった竹馬にも乗れるようになっていった。

　C児が5歳児クラスとなり，運動会も近づいてきた時期，園庭には，フープや縄跳び，竹馬等が用意された。そこでは，4・5歳児クラスの子どもたちが自分たちの好きなもので遊ぶ姿が見られていた。竹馬に関心をもつ子ども，フープや縄跳びに関心をもつ子どもそれぞれである。「C児はすごいんだよ！　竹馬もできるし，フープもいっぱい回せるんだよ」，「今ね，E児（5歳）縄跳び1回飛べたんだよ」と自分のことだけでなく他の子どものことを保育者に知らせに来る子どもたちの姿が見られる。

　竹馬もフープも縄跳びもできるC児は，4・5歳児クラスの子どもたちにとってあこがれの存在のようで，C児と一緒に昼食やおやつを食べたがる子どもが増え始める。C児がドッジボール

やトランプ等の遊びに誘うと，子どもたちが多く集まりC児と一緒に遊ぶ姿が見られてくる。

※E児は，なかなか縄跳びが跳べずいつも練習していた。

1）あこがれから深まる子ども同士の人間関係

　4・5歳児クラスの子どもたちは，それぞれが関心をもった竹馬やフープ，縄跳び等をする中で，それらが得意なC児の姿にあこがれている。同じく，C児自身も4歳児の時に，5歳児であったD児にあこがれ，竹馬や，フープ，縄跳びに取り組んでいた。子どもたちは，あこがれる他児の姿に自分のなりたい像を重ね，失敗しながらも，できた時の喜びを味わいながら，それぞれの遊びに取り組んでいると考えられる。

　また，C児へのあこがれから，竹馬や縄跳び等自分たちの関心があった遊びだけではなく，新たな遊びにも関心をもつ子どもたちの姿が見られる。このように，あこがれる他児の存在が遊びの幅を広げ，より子ども同士の人間関係を深めていると考えられる。

2）友だちのよさに気付き，一緒に活動する楽しさを味わう

　友だちとの関わりは楽しいことだけではない。友だちは時として自分がやりたいことを邪魔する存在でもある。鯨岡は，おのれの「思い通り」にすることで快を得，自己充実したいという欲望を「自己充実欲求」，他者と共にあることを求め，共にあることができれば幸せを感じるという欲望を「繋合希求性」と呼んでいる。そのうえで，乳幼児期には，他者と競争や対立をしながらも他者から学び，他者を取り込み，他者と共同し，他者と共に生きる中で喜びや幸せを感じながら，この「自己充実欲求」だけでなく「繋合希求性」の両面の基礎が培われる時期であると述べている[2]。　自分がやりたいことを邪魔する存在となり得るにもかかわらず，それでも友だちを求めるのは，なぜなのであろうか。遊びの中で，友だちに認められたり，一緒に共感したり，楽しさを共有する体験を積み重ねているからこそなのではないだろうか。

（3）子どもたちの賞賛から学ぶ保育者のまなざし

1）その子を内面から見つめる

　「今ね，E児縄跳び1回飛べたんだよ！」。子どもたちは，縄跳びをずっと跳べず，これまで何回も練習してきたE児を見ている。E児にとっての縄跳び1回は，外側から見れば単に1回跳べただけに過ぎないかもしれない。しかし，これまで一度も縄跳びを跳べていなかったE児，そしてE児を見ていた子ども

2）　鯨岡　峻『両義性の発達心理学』ミネルヴァ書房，1998，pp.8-9.

たちにとっては，大きな喜びであると思われる。保育者として子どもたちの姿から学ぶことや子どもへの賞賛は，その子を外側から見るだけではなく，内面から見つめることによって自然と生まれてくるのではないだろうか。

2）驚く心をもって見つめる

以下は，倉橋惣三の『育ての心』からの抜粋である。

驚く心

おや，こんなところに芽がふいている。

畑には小さい豆の嫩葉が，えらい勢いで土の塊を持ち上げている。

藪には，固い地面をひび割らせて，ぐんぐんと筍が突き出してくる。

伸びてゆく蔓のなんという迅さだ。

竹になる勢いの，なんという，すさまじさだ。

おや，この子に，こんな力が。…

あっ，あの子に，そんな力が。…

驚く人であることにおいて，教育者は詩人と同じだ。

驚く心が失せた時，詩も教育も，形だけが美しい殻になる。

出典）倉橋惣三『育ての心（上）』フレーベル館，2006，p.28.

日々の保育の中では，毎日の生活は，一見同じような出来事の連続にみえる。しかし，その中で，子どものささやかな変化をよみとり，そこに驚きと感動をもってみることができるかどうかは，保育者に問われていることなのではないだろうか。

3）尊敬の意をもって子どもをみつめる

私たちは，子どもをどのようにとらえているのだろうか。仮に，子どもは未熟で，大人が教えていかなければ何もできない存在であるととらえた時，子どもに対するほめは，大人の求める姿に近づいたことに対してのほめ（評価）となってしまう。一方で，子どもを大人と対等な自分自身の人生を生きる尊厳をもつ一人の人間としてとらえる時，その子の存在自体に対する賞賛が生まれてくる。私たち保育者は，常に尊敬の意をもって子どもを見つめることが求められるのではないだろうか。

2 子ども同士の中の思いやり

（1）当たり前に見られる子ども同士の思いやり

「思いやり」とは「① 思いやること。想像。② 気のつくこと。思慮。③ 自分の身に比べて人の身について思うこと。相手の立場や気持ちを理解しようとする心」[3] とある。

保育の中で，子どもたちを見ていると，1歳児では鼻水が出た他児に対してティッシュをもってきたりする姿が見られる。2歳児ともなると「だいじょうぶ？」と声をかけたり，泣いている子どもの頭をなでたりする姿が見られる。もう少し大きくなれば「○○ちゃん，泣いている」と先生に伝えに来たり，手をつないで連れてきたりする姿が見られる。このように，相手のことを気にしたり，相手の気持ちを想像したり，相手の立場や気持ちを理解しようとすることは，子どもの年齢や発達の進み具合によって異なるが，子どもの生活や遊びの中で当たり前のこととして日常的に見られる姿である。

（2）子どもたちが創りだしたハンディキャップ[*1]

ここでは，子どもたちが考えたハンディキャップに関する事例をあげ，思いやりの在り方について考えていく。

3）新村 出編『広辞苑 第6版』岩波書店，2016, p.428.

＊1 ハンディキャップとは，「① 競技などで，力量の差を平均するするために，優秀な者に課する負担条件。② 不利な条件」という意味である。
新村 出編『広辞苑 第6版』岩波書店，2016, p.2322.

事例8－3　F児は練習だからしたってええやん

ここ数週間，5歳児クラスでは，大縄跳びで遊ぶ子どもたちの姿がよく見られている。大縄の紐の片側をフェンスの網に結び，もう片方は保育者が持ち大縄を回す。はじめはクラスの子どもたちのほとんどが大縄を跳べないことから，一人一人が跳べるまで保育者は大縄を回していた。だんだんと跳べる子どもが多くなり，入り跳び（回る大縄の中にタイミングを見て入り，1回跳べたらその場から出る跳び方）が見られるようになってきている。

この日も，子どもが次々と大縄を跳んでいる。F児（5歳）の番になると，G児（5歳）が「次，F児やで」と背中を押す。F児はなかなか入れないため，保育者が大縄を回すことをいったん止め，F児が大縄の中に入る。保育者が大縄を回しだすが，なかなかタイミングが合わずに跳べない。子どもたちはF児の姿をじっと見つめている。何回か回してようやく1回跳べた瞬間「とべたやん」，「すごいやん」と声が上がる。何人か跳んだところでH児（5歳）が大縄に引っかかる。すると他の子どもたちから「はい次」という声が上がる。H児は「なんで，F児はええのに，おれはだめなん？」と不満そうに声をあげる。I児（5歳）は「H児はいっぱい跳べるやん」と言い，J児（5歳）は「F児は練習だからしたってええやん」と言う。H児はそのようなやりとりをした

後，列の後ろに並ぶ。他児に混ざってF児はその様子をじっと見ている。

※保育者は事前に「跳べない子は跳べるまで跳んでいい」というルールは伝えていないという。

1）大人を映し出す子どもたち

　子どもは，生まれて間もなく，親等の親身な大人からお腹がすいた時にお腹を満たしてもらったり，おむつが気持ち悪い時に，おむつを交換して心地良い状況にしてもらったりする。また，不安な時は，抱っこをしてもらったり，頭をなでてもらったり等，子どもに対して親身な大人との関わりの中で育っていく。I児，J児自身も，大縄をまだ跳べない時に，保育者によって跳べるまで大縄を回してもらう体験をしているのかもしれない。また実際に体験をしていなくとも，友だちがそのようにしてもらっている姿を見ていたのかもしれない。このように，子どもたちはこれまで出会ってきた人（家族，保育者，クラスの子どもたち，園で働いている職員，地域の人等）との関わりを，知らず知らずに行動のモデルとしている。言い換えれば，大人の関わりが子どもによって映し出されるということでもある。私たち一人一人の関わりや，生き方，姿勢等，私たちが意識するしないにかかわらず，子どもの生き方に大きな影響を与えているということを私たちは自覚すべきではないだろうか。

2）当事者の思いと，思いやりの在り方を探る

　相手へ思いやる行為は人によって異なり，様々である。事例8−3では，跳べないF児に対して，I児，J児は，「跳べるまで大縄跳びを跳んでよい」というハンディキャップを設けている。H児はそのハンディキャップに対して疑問をもち，子どもたちにその疑問を投げかけている。一方で，当事者であるF児は，H児やI児とJ児のやりとりの様子をじっと見ている。仮にF児が，1回でも跳べるまで跳ばせてくれることを求めているのであれば，I児，J児の「跳べるまで大縄跳びを跳んでよい」という特別配慮は，思いやりとなる。しかし，仮にF児自身が，大縄を跳べない自分を見せたくないと思っている等，その特別配慮を求めていないのであれば，それはF児にとっては心の負担に感じるかもしれない。

　保育では，しばしば形式的な思いやりの表現方法が中心となることがあり，肝心の思いやりを受けている子どもの思いが不在になる場面を目にする。

　保育者は，自らの価値観に子どもを導こうとすることを急ぐのではなく，当事者である子ども自身の思いはどうなのか，どのような思いやりの在り方があるのかということを，考える必要があるだろう。そして子どもたち自身が模索

し，考える機会とそのプロセスを大切にしていくことが求められる。

3 人間関係における平等

（1）様々な平等

　「平等」と聞くとどのようなことを思い浮かべるであろうか。平等は，「かたよりや差別がなく，すべてのものが一様で等しいこと。平等に扱う。男女平等」[4]とある。偏りがないように全員に均等（equality）に分配するということもこれに当てはまるであろうし，男女によって与えられる機会に偏りがないように均等に機会が与えられるということもこれに当てはまるだろう。しかし，保育においては，ブロックで遊んでいる子どもがいた場合，果たして同じ個数ずつのブロックを分けあたえることだけが平等なのだろうか。

　また，「平等」と似ている言葉で「公正（equity）」という言葉がある。「公正」とは，「① 公平で邪曲のないこと。② 明白で正しいこと。」[5]とある。ここでは，状況や関係性や立場，人によって何が正しいか変わるため，何が正しいかが問われる。例えば，おやつの時間にクッキーが出た時，K児（男，5歳）のお皿にはクッキーが山盛りで，L児（男，5歳）のお皿は空っぽであった。子どもたちに聞くと，L児はクッキーが嫌いで，K児はクッキーが好きだからそのように分けたという。一見，均等でなく不平等にみえる。だがそこにいる子どもにとっては，お互いが納得しているのであり，見方によっては明白で正しいこととなる。

　次の事例を通して平等について考えてみよう。

4）　新村 出編『広辞苑 第6版』岩波書店，2016，p.2397.

5）　新村 出編『広辞苑 第6版』岩波書店，2016，p.947.

事例8－4　ブランコをめぐって　4歳児　6月

　M児（4歳）は入園した当日から母親と別れることに大きな不安をもっていた。そのためしばらく母親にはM児と共に園での生活をしてもらい，少しずつ母親のいる時間を短くしていき，M児が園生活を無理なく過ごせるように環境を整えていた。M児は入園当初から母親とよくブランコに乗って過ごしていた。母親がM児の送りのみで帰るようになると，M児は母親と別れた後，真っ先にブランコのところへ行き，一日の多くをブランコに乗りながら過ごしていた。

　他児が来ても決してブランコの鎖を離さないという日々が続いた。ある日，登園してきたM児がブランコのところに向かうと，すでにN児（4歳）とO児（4歳）がブランコに乗っていて，空いているブランコがない状況であった。M児は怒りをあらわにして泣き叫び，噛みつこうとしながらN児とO児をブランコから降ろそうとする。保育者はM児を必死に止めながら，抱きとめる。M児は身を悶えさせてN児とO児に向かおうとする。保育者は，N児とO児が先に乗っていること

を話し，ブランコが空くまで他の遊びに誘いもするが，M児は聞く耳をもてるような状況ではなかった。そのような様子を見ていたN児はブランコを降りる。保育者は「N児いいの？　ありがとう」と声をかける。M児はブランコに乗り，少しずつ心の落ち着きを戻していく。

● 演習課題

課題1：M児にとってのブランコへの思いについて考えてみよう。

課題2：N児は，なぜブランコを降りたのかについて考えてみよう。

課題3：この場面でM児，N児，O児にとった行動について「均等という意味においての平等」と「公正」という視点から考えてみよう

*2　佐伯は，①「よい」とは本来どういうことなのかを探り（価値の発見），②「よい」とする価値を共有しようとし（価値の共有），③「よい」とされるものごとをつくり出し（価値の生産），④「よい」とされるものごとを多く残したり，広めたりする技術を開発（価値の普及）する営みを「文化的実践」と呼んでいる。

*　佐伯胖『「わかる」ということの意味（新版）』岩波書店，1995，pp.195-201.*

*3　「だるまさんが転んだ」ルール

① 鬼を1人決め，基点となる場所（壁や木）に立ち，子は20m程離れたスタートラインに一列に並ぶ。

ブランコは共有の遊具である。園にはブランコの好きな子どもも多く，園の子どもにとっては誰もが乗ることができる。そのような共有のブランコにM児ばかりが乗っている状況は，均等という意味においては不平等ともいえる。この場合，回数を決めて，交代というルールを作るのも一つの方法であろう。

一方で，この時のM児にとってのブランコは，ただ面白い遊具というものではなく，母親と同じような存在であったのかもしれない。そのブランコが取られることは，自分の居場所が取られるような感覚をもったのかもしれない。ブランコを独占し続ける状況はよいとは言い難いが，そうせざるを得ないその人を受け止め，それがなくても生きていけるような何かを共に見つけていく試みも大切なのではないだろうか。

（2）状況によって異なる平等

「平等」を考えた時，誰もが同じように物や機会を均等に分け与えられるのであれば大変わかりやすい。しかしながら子ども一人一人の状況を見た時，この均等が「公正」とはいえないことも多々ある。その子にとっての必要性，経験，置かれている状況，そこに関わる人の価値観等，その時々によって，「公正さ」は異なるのであり，その場にいる子どもや大人が納得できる状況を考えていくことが重要となるのではないだろうか。

平等は，そこに生きる子どもたちが，対話を通して「平等」の意味を問い，模索しながら，「よりよい」*2とする平等の在り方を，創っていくものなのではないだろうか。

そして保育者は，子どもたちにとって，「他者を知り，共によりよく生活してための貴重な機会」として，「平等」についてとらえていく必要がある。

（3）ルールを創ることの意味

以下の事例から，「ルールを創ることの意味」について考えていく。

━━ 事例 8 − 5　「だるまさんが転んだ」から「鬼ごっこ」へ ━━

　A保育園の，4・5歳児クラスでは，「だるまさんが転んだ」[*3]で遊ぶ子どもたちの姿をよく目にするようになる。「だるまさんが転んだ」遊びが進むと，鬼になりたいP児（5歳）とQ児（5歳）があらわれる。2人の間で，お互いに鬼になれるように歩数を調整する姿が見られ始める。結果，P児とQ児ばかりが鬼になり，他の子どもが鬼になれない状況が起こってくる。保育者は，どのように子どもたちが考えていくのか様子を見ていた。

　そんなある日，「だるまさんが転んだ」で遊んでいた子どもたちが，違うルールで遊んでいる姿を目にする。本来は，鬼と捕まった子のつないだ手を切った子どもが，歩数を鬼に伝えるのであるが，「切った」あとは，鬼ごっこ遊びへ変化していた。どのような経緯でそのようなルールに変更になったかはわからないが，おそらく，誰もが鬼になれるようなルールを子どもたちで生み出したのではないかということであった。

　当初の「だるまさんが転んだ」のルールでは，鬼がP児とQ児に固定されてしまうということが起こり，全員が遊びを楽しむことができない状況があった。しかし，子どもたち自身で「切った」あとは，鬼ごっこになるという新たなルールを創ることによって，子どもたちが皆で遊びを楽しむことができる状況へと変わっている。

　遊びの中では，そこに参加する子どもたちの様々な思いがあり，嫌な思いをする子どもももでてくる。相手の思いを尊重したり，妥協したりしながら，新たなルールを創り，そのルールを守ることによって，子どもたちは，誰もが楽しく遊べ，より遊びが面白くなるということを，経験を通して学んでいるのである。

　また，ルールは，一度創られたら，固定されてしまうものではなく，その時の状況に合わせ，誰もが楽しめるように，そこに参加している子どもによって新たに創られていく。

　保育者は，既存のルールに縛られるのではなく，ルールが何のためにあるのかを自覚し，子ども自身がその意味について経験を通して学べるような環境を創っていくことが求められる。

② 鬼の「始めの一歩♪」の合図で，子は大股で一歩進む。

③ 鬼は基点を向き，「だるまさんが転んだ」と言ってから子のほうを見る。子は鬼が振り向くまでの間に鬼に近づき，振り向くと同時に静止する。これを繰り返す。

④ 静止できていなかった子は，鬼に名前を呼ばれて，鬼と手をつなぐ。

⑤ 子が上手く鬼に近づき，鬼と捕まった子のつないだ手を「切った！」と言ってさわると，すべての子はスタートラインのほうへ走って逃げる。鬼は「ストップ」と言って子を止める。

⑥ あらかじめ決められた歩数（5歩から10歩）を鬼は移動し，子にタッチできたら鬼を交代する。

日本体育協会「アクティブ・チャイルド・プログラム」http://www.japan-sports.or.jp/portals/0/acp/index.html

本事例では，鬼と捕まった子のつないだ手を切った子どもが，歩数を決められるというルールで行われていた。

コラム　　　心の中の人間関係

　私たちは，目に見えることを判断材料として，その子どものことをすべてがわかっているように錯覚してしまうようなことはないだろうか。ここでは，私の体験から，この見えない「心の中の人間関係」について述べていきたい。

●子ども同士の見えない関係

　R児は小さな子どもたちのお世話をすることが好きで，各クラスを回ってはそのクラスの子どもに挨拶をし，遅く登園してくる子どもがいるとその度に玄関まで出向いて挨拶をしていた。ある時S児が数か月お休みすることがあった。R児はいつものようにS児のクラスにも挨拶に回る。するとR児は，何も書いていない紙をS児のロッカーに入れる。私は「あれ？」と思い，R児に「S児に何かあげるの？」と聞く。R児は笑顔で応える。S児のロッカーを覗くと様々な色の紙やビニールテープが入っている。担任のA保育者に聞くとS児のものではないとのこと。A保育者は「S児を心配してプレゼントしてくれているのね」という。私は，S児のR児に対しての思いや気づかいがいかに深いものであったかということを改めて知った。私は主にP児と一日を過ごすことが多かったため，ある程度R児のことをわかったつもりになっていた。

　時に保育者は，子どものことを100％わかっているつもりになり，驕（おご）ってしまっている時があるのではないだろうか。そのような時は，多角的な視点でその子を見ることが難しくなる。私たちは，R児のように，私たち保育者が見えないところで，育まれている子ども同士の人間関係があるように，100％子どもをわかりきることはできないことを自覚しておく必要があると思う。

●子どもと保育者の見えない関係

　T児は私が長く付き合った子どもの一人である。T児と私は，1年目はなかなか関係が築けなかった。しかし，T児の始めた遊びを通して保育者として関わり，楽しい時間を過ごしながら関係を築いていった。いつも一緒にいたT児と私であったが，ある時からT児は私と遊んでいる途中で部屋を出ていったかと思うと，しばらくして戻ってきてやがてまた出ていくという状況を繰り返すようになった。その後T児は，私と遊ぶことよりも他のところで遊ぶようになっていった。私は，T児が新たに興味をもち始めた世界へ一人で歩み出したのだと感じていた。そのような中，年度が変わり，クラス替えになり，私は毎日のように私の手を引くU児との関わりが多くなっていった。するといつもは他のところで遊んでいたT児が再び急に私の手を引くように変化した。時には私を引きずる勢いで，私との関わりを強く求める姿が見られ始めた。私はそのようなT児の姿を見て，T児が私をより感じられるように意識しながら行動した。そのような中で，またT児は私から離れ，他の場所で遊びだすようになった。

　私とU児の関わりをみて，もしかするとT児は私との関係がなくなってしまうような感覚をもったのかもしれない。T児は，私との見えない関係に支えられていることを改めて知った。

第9章 子どもの自我と人間関係

人が，自分と異なる欲求をもつ他者と出会った時，自分の欲求と他者の要求との間を調整するための核となるのが「自我」である。自我は生まれつき備わっているものではなく，保護者（主に母親）や友だち等，身近な他者との接触を通して徐々に芽生え，発達していく。人がそれぞれに「私」という唯一でかけがえのない経験を生きているという事実について考え，子どもの自我の芽生えと育ちについて探求しよう。

1 「私」とは何か

（1）「私」という特殊な指示語

私たちは，ふだんの生活の中で，ごく当たり前に「私」と「他人」とを区別している。しかし，このことはよく考えてみると，実に不思議なことではないだろうか。

例えば，私たちは，自分自身のことを「私」と呼ぶ。はじめ自分のことを，他人から呼びかけられるままに「○○ちゃん」「△△くん」と呼んでいるちいさな子どもも，やがて「私」や「僕」という人称代名詞の意味を理解する。

谷川俊太郎の詩に「わたし」という作品がある。

この詩には，「わたし」という存在を他者から見た多面性が表現されている。「わたし」は，私を取り巻く人々の関係のネットワークの中で，社会的役割に応じて多様な呼ばれ方をされているが，そのすべてが「わたし」である。

さて，私という人間が，「私」という指示語で言い表そうとしているのは，「この私」，つまり自分自身のこと以外ではありえない。Aという人間が「私は…」という言葉を発するとき，その「私」とは，A以外の誰を指すこともできないのである。

> わたし
>
> おとこのこから　みると　おんなのこ　／　あかちゃんから　みると　おねえちゃん
>
> おにいちゃんから　みると　いもうと　／　おかあさんから　みると　むすめの　みちこ
>
> おとうさんから　みても　むすめの　みちこ　…中略…
>
> わたし
>
> さっちゃんから　みると　おともだち　／　せんせいから　みると　せいと　…中略…
>
> がいじんから　みると　にほんじん　／　うちゅうじんから　みると　ちきゅうじん…中略…
>
> わたし
>
> しらないひとから　みると　だれ？／ほこうしゃてんごく　では　おおぜいの　ひとり

出典）谷川俊太郎 作，長新太 絵『わたし』福音館書店，1981.

*1　浜田寿美男はこの『私』という人称代名詞について以下のように述べている。「語る人なしには，『私』も『あなた』も具体的な意味をなしません。…私が『私』といえば，それは『私』ですが，あなたが『私』といえば，それはあなたであるわけです」。

浜田寿美男『「私」をめぐる冒険―「私」が「私」であることが揺らぐ場所から』洋泉社，2005，p.54.

ところが，ふだんの会話の中で「私」という言葉が使われるとき，その「私」が誰を指すのかは，誰がその言葉を発したかという状況に依存してもいる[*1]。例えば，AさんがBさんに向かって「私はイチゴが好きです」と言うとき，「私」という言葉で指されているのはAさん自身である。これに対して，Bさんが「私も好きです」と答えたら，「私」とは，Bさんのことを指すことになる。

目の前にいる相手が，私にとっては「あなた」である。AさんにとってBさんは「あなた」だが，Bさんが「私も好きです」と語るとき，Aさんはその「私」という言葉が「あなた」（つまりBさん）を指しているのだと理解する。このように，私たちは，会話の中でたびたび起こる「私」と「あなた」の反転を即座に理解する。会話の中で「私」という同じ言葉が何度も使われながら，その都度，別の対象を指しても，私たちは混乱することなく，「私」という特殊な指示語を使いこなしているのである。

（2）唯一の「私」／複数の「私」

「私」という言葉には，二つの側面がある。

第一に，「私」とは，「いま・ここ」にいるひとりの人間（例えばAという固有名をもつ個人）にとって，他の誰とも交換できない「経験の中心」を指している。私にとって，この「私」の経験は唯一であり，別の「私」は存在しえない。

第二に，この私が「私」という「経験の中心」を生きているのと同様に，目の前にいる「あなた」も，それどころか世界中のすべての人たちが，それぞれに別々の「私」という「経験の中心」を生きている。この意味で，

写真9−1　ぼくだけの宝物

この世界にいる誰もが「私」であるということになる。

　私と目の前の他者とは，同じ世界を共有しながらも，それぞれ別々の視点から世界に関わっている。たとえ，AさんとBさんが同じ時間に同じ場所にいて，同じ出来事を目撃していたとしても，AさんとBさんの視点が完全に重なることは決してない。私たち人間は，それぞれの「私」という経験の中心から，ひとつの世界に関わりつつ，それぞれ固有でかけがえのない経験を生きているのである。このような，他者と共に世界の中に存在する人間の生の様態を，ハイデガーは「世界−内−存在」と呼ぶ[*2]。

　このように一人一人は唯一固有でありながら，この世界に生きる複数の他者と関係している人間存在のあり方こそが，「自我」の根幹をなしている。なぜなら，他人とはものの見方や欲求が違うことに気づいてはじめて，「私」とその人が異なる経験を生きていることが自覚され，「私」という主体のかけがえのなさが明確になるからである[*3]。

　こうした「私」に関する意識は，他の動物には見られない。野生の動物は，種の本能として餌を食べたり敵から身を守ったりするが，それをしている自分自身に意識を向けることはない。動物の意識は，環境との関わりの中で常に外界に向けられている。「自我」とは，「私が意識していることを意識する」という一段階高次の，俯瞰（ふかん）的で反省的な意識であり，環境との関わりに没入した動物的な生き方から，身を引き離すことによって生じるのである。

2　子どもの自我の発達

（1）乳児期における自己認識

　子どもには，いつどのようにして自我が生まれ，発達していくのだろうか。

　乳児は，生まれて間もない頃は，授乳や排泄の世話等を受けながら，母親と一心同体の生活を送っている。生まれたばかりの赤ん坊は，母親の胸に抱かれながら過ごし，感覚器官も未熟であるため，母子一体の状態での経験を生きている。乳児にはまだ，「私」という主体（subject）の認識はなく，自−他の区別があいまいなまま，目の前の他者を自分と同種の存在とみなしている。他者の動きを見たり触ったりする知覚を通して「私た

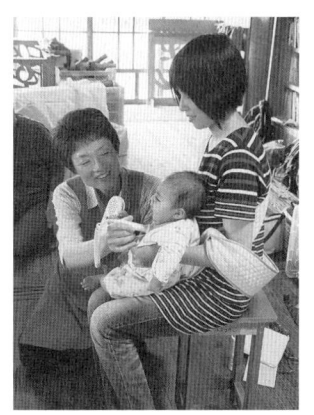

写真９−２　いつもお母さんと一緒

*2　ドイツの哲学者ハイデガーは，それぞれ固有の「経験の中心」として生きている人間の存在のあり方を，事物の存在の在り方と区別するために「現存在」と呼ぶ。現存在としての人間は，世界の内部で出会う存在者を「配慮的に気遣い，親しみながら交渉している」。人間は常に，何か自分を取り巻く人や物事に関心（Sorge）を向けつつ，世界に存在する他者と「ともに」生きている。人間は，一人で存在するわけではなく，常に他者と「ともに」，世界の「中に」存在しているが，このような生のあり方を「世界−内−存在」と呼んだのである。

　マルティン　ハイデガー，熊野純彦訳『存在と時間（一）』岩波文庫，2013，pp.487-516を参照。

*3　個々の人間の「かけがえのなさ」は，独立自尊性を意味するわけではない。田中智志は，「私」という存在の固有性は，他者との関係性に支えられていると主張する。〈私〉という存在が固有である（かけがえがない）のは，〈私〉が，高名であったり有能であっ

たりするからではなく，また〈私〉が，自立していたり自律していたりするからでもなく，〈私〉が，他の「いのち」すなわち他ならない〈あなた〉に支えられ，またつながっているからである」（田中，p.35）。田中はこれに加え，「人の根源的様態は共鳴共振（sympathetic resonance）である」（田中，p.122）ことを指摘する。「私」の固有性とは，単に他人と交換不可能である，というだけでなく，「私」が常に誰か他者と「ともに」生きており，その誰かにとってかけがえのない存在であることに支えられているのである。

田中智志『教育臨床学 〈生きる〉を学ぶ』高陵社書店, 2012, p.35及びp.122を参照。

＊4　ガレーゼは，他者の動きを観察した乳幼児は，視覚や聴覚等の複数の知覚を，相互に結びついた状態で受け取り，さらに自分と類似した他者と「ともに」感覚しているものとして知覚していると述べる。この知覚は，脳内でミラーニューロンという神経細胞が司っている。このように複合的に結びついた知覚を通して他者と世界

ち」が一体として感じられる，乳児期特有のあいまいな主観性のことを，ガレーゼは，「共有複合感覚的間主観性」と名付けている＊4。

感覚器官が発達していくにつれ，乳児は視覚や触覚を通じて，自分自身の身体と，母親の身体や外界の事物を区別するようになる。生後4か月以降はさかんに自分の手や指を口に入れたり，おもちゃを舐めたりする行動が見られる。こうして，口に触れたものの感覚を通して，乳児は自分の身体とそれ以外の事物との違いに気付いていく。

生まれたばかりの乳児は，母親の全面的な庇護（ひご）のもとで，母親の身体の温かさや母乳の匂い，自分に向けられた心地よい声の響き等を感じとり，世界に対する安心感を獲得する。また，乳児が空腹や不快等の生理的欲求を感じて泣いたとき，母親の応答によってそれらの欲求が満たされる経験がくり返されることで，母親に対する信頼感（アタッチメント）が形成される。こうした母親との関係を通じた原初的な安心感や信頼感は，自我の土台となる。

赤ん坊は，無力で受動的な存在ではなく，周囲の人や環境に対して能動的に働きかける能力があることが知られている。生後2か月頃には母親の目をじっと見つめ返し，母親の呼びかけに反応して微笑みを返したり，母親の顔や口の動きに呼応して，自分の顔の表情を盛んに動かしたりするようになる。3か月頃からは，視野に入ったものを目で追ったり，音のする方向に首を向けたりし，外界の事物に強い関心を示すようになる。さらに，7か月頃からは母親の姿が視界から見えなくなると不安を感じて泣き，欲しいものや興味のあるものを指さして母親に示すようになる。そして，自分の期待する反応が相手から返ってきたり，欲しいものを手にすることができたりすると心理的な満足を感じ，さらに外界への働きかけを強めていく。

このように乳児は，事物や養育者（母親等）に対して積極的に働きかけ，外界からの望ましい応答や反応を受け取ることを通して，自分の行動が他者を動かし，様々な結果をもたらすことを経験的に知る。乳児は，自身の内側から起こってくる欲求を，泣き声や指さし等を使って母親に向かって表現し，母親もそれに応答しようとするが，こうした母親との相互的な応答関係が，子どもの心理・社会的な自我の発達の基盤となる＊5。子どもの自己意識の確立や自我の発達は，子どもの発育と共に自然に起こるものではなく，コミュニケーションを通した身近な他者との関係の中で促されるのである。

（2）自我の段階的発達

エリクソンは，人間が生きていく過程を心理・社会的観点から8つの段階に分類し，ライフサイクルという視点から，それぞれの時期において自我が発達

していくにあたり，直面する課題を示した（表9－1を参照）^{*6}。

表9－1　エリクソンの心理・社会的発達段階

発達段階	心理・社会的危機（発達課題）	重要な関係性	導かれる徳
乳児期	基本的信頼 対 不信	母親的人物	希望
幼児前期	自立 対 恥・疑惑	両親的人物	意志
遊戯期	自主性 対 罪悪感	家族	目的
学童期	勤勉性 対 劣等感	地域・学校	有能感
青年期	同一性 対 役割の混乱	仲間・ロールモデル等	忠誠心
前成人期	親密さ 対 孤独	友だち・パートナー	愛
成人期	生殖性 対 停滞	家族・同僚	世話
老年期	自我の統合 対 絶望	人類	賢さ

出典）エリク エリクソン『幼児期と社会1』みすず書房，1977，pp.317-352.

　例えば，乳児期は，母親もしくは保育者等の養育者が，乳児の訴えに適切に応答することの繰り返しを通して，身近な人に対する基本的信頼（アタッチメント）が築かれる時期である。この時期に母親との信頼関係をとおして獲得される世界に対する肯定的な見方は，子どもがその後の発育・発達に伴って，様々な他者と社会的関係を取り結ぶときに必要となる，他者への基本的な信頼感の基礎を形成する。

　反対に，もし乳児期に子どもが自分の欲求を訴えても，母親から適切な世話を受けられなかったり，母親が子どもの様子に関心を示さなかったりした場合，子どもは，自分の働きかけがどのような結果をもたらすのか予測できないため，身近な人や世界に対して，つねに不安と不信感をもつようになってしまう^{*7}。

　エリクソンは，人間の自我が，重要な他者との社会的な相互作用を通して，心理・社会的危機を乗り越えることにより段階的に発達していくとしている。エリクソンに従えば，就学前保育・教育施設（保育所，幼稚園，認定こども園をいう）等の乳幼児期の子どもの生活の場において，母親的存在や家族的存在として子どもに関わることとなる保育者（幼稚園教諭，保育士，保育教諭をいう）の応答的な関わりの質が，子どもの自我の形成に大きな役割を果たすことがわかる。

　自我の発達を促すための乳児期の関わりについては，保育所保育指針にも「保育士等との信頼関係に支えられて生活を確立していくことが人と関わる基盤となることを考慮して，子どもの多様な感情を受け止め，温かく受容的・応答的に関わり，一人一人に応じた適切な援助を行うようにすること」¹⁾に留意する必要があると述べられている。

　乳児期とそれに続く幼児期は，家族や，保育者，友だち等，様々な他者との

を共有していることを，ガレーゼは「共有複合感覚的間主観性」と呼んでいる。

　佐伯 胖監修，渡部信一編『「学び」の認知科学事典』大修館書店，2010，p.172を参照。

＊5　スピッツは，「自我」を，「パーソナリティの中心にある運営機構であり調整機構である」と定義している。

　ジャン ピアジェ他著，森楙監訳『遊びと発達の心理学』黎明書房，2013，p.54.

＊6　エリクソン（1902-1994）はドイツフランクフルト生まれで，のちにアメリカで活躍した発達心理学者。ウィーンでジグムント・フロイトの娘であるアンナ・フロイトの弟子となり，精神分析家の資格を取得した。人間の自我の発達は，人生の各時期に訪れる心理・社会的な危機への対処を通して成し遂げられると考えた。幼児期・学童期における自我の発達課題のみならず，青年期の自己同一性の確立や，成人期・壮年期における次世代への関わり（ジェネラティヴィティ），老年期における死と孤独等，生涯にわたって人間は発

達し続けていくと主張した。

＊7　エリクソンは，「乳児が最初期の経験から得る信頼の念の量は，食物や愛情の表示の絶対量に依存するのではなく，むしろ母親との関係の質に依る」と述べている。

エリク エリクソン，仁科弥生訳『幼児期と社会1』みすず書房，1977，p.320.

1）厚生労働省『保育所保育指針』〔第2章　保育の内容1（2）イ（ウ）①〕，2017.

＊8　ピアジェは，幼児の認識の自己中心性を実証するために，立体的な三つの山の模型を置き，幼児とは反対側の視点からはどのように見えるかを尋ねる課題を出し，幼児が自分から見えている視点にとらわれて回答することを示した。「三つの山課題」については，幼児の具体的な生活の文脈に結び付けられていない点が，ドナルドソンによって批判されている。ピアジェは，幼児が自己中心性から抜け出して他者の視点を獲得する「脱中心化」（decentering）は5〜6歳頃に起こるとしているが，幼児の

関わりを通して，子どもが自立性や自主性を獲得していく大切な時期である。乳幼児期の子どもが多くの時間を過ごす保育の場は，子どもたちが様々な人と出会い，生活や遊びの中でのいざこざや葛藤を通して，他者との折り合いのつけ方を学び，かけがえのない「私」を確立していく場である。こうしたことを念頭に，保育者は，常に子どもへの温かなまなざしをもち，育ちの中での子どもの心の揺れをゆったりと受け止め，応答的に関わることを心がけたいものである。

3　集団生活の中での自我の育ち

（1）遊びを通した他者との関係性

　就学前保育・教育施設等の集団保育の場では，遊びの中で子ども同士のいざこざが頻繁に起こる。そうしたいざこざや葛藤は，自分の思いと友だちの思いとのズレに気づき，そのぶつかり合いの中で，複数の人の異なる願いをどのように調整し，折り合いをつけていくのかを学ぶきっかけとなる。

写真9-3　友だちと楽しさを共有する

　ピアジェは，3歳頃までの幼児期初期の思考の特徴を「自己中心性」（egocentrism）と呼んだ＊8。ここで言う「自己中心性」とは，幼児期の認識が自己のとらえているものを中心として構成されていることを指している。ピアジェによると，例えば幼児が2人以上で同じ場で何か話しながら遊んでいるように見えるときでも，「おたがいに話し合っているということや，実際に耳を傾け合っているということを考慮しない」2）傾向にあり，他人は自分と全く同じことを考えていると思っていて，特に言葉にして自分の考えを伝えなくても，完全に相手に理解されているはずだと信じているという。3歳頃の子どもの遊びが，同じ場を共有して同じことをしながら，相互の交渉がない平行遊びであることが多いのも，こうした幼児期の認知的な特徴が関係しているといえる。

　しかし，おおむね4歳頃から子どもは，人間が一人一人「心」という内面の世界をもち，自分とは異なる考えをもったり，判断をしたりすることを理解できるようになる。他者の内面を想像できるようになる4歳頃の子どもは，他者

から自分がどう見られているのかを気にするようになり，羞恥心や嫉妬といった複雑な感情をもつようになる。また，この頃は仲のよい友だちとの関わりが深くなり，一緒に遊びたいという思いが強くなるが，一方で自分なりのイメージや自己主張が明確になってくるため，友だちとの間で主張のぶつかり合いが起こる頻度も高くなってくる。

　5歳から6歳頃になると，子どもたちは自分のイメージを言葉にして表現しつつ，一人一人役割を分担し，協同的な遊びを展開していくようになる。ひとつの遊びを，大勢が関わりながら発展させていくためには，それぞれに異なるイメージや思いを友だちに伝え合い，ときには譲ったり，自分の考えを修正することも必要になる。

（2）ぶつかり合いながら他者の思いに気づくこと

　例えば，子どもたちが大勢でルールのある遊びをする場合には，子どもはそれぞれにグループの中での自己の役割に対してのイメージをもち，主体的に遊びを楽しみたいという思いをもって遊びに参加する。自己主張の強い子や，具体的な遊びのイメージをもつ子が主導権を握って積極的に指示を出し，他の友だちを自分の思いに合わせて動かそうとしたり，従えようとしたりする姿が見られることがある。

　一人一人の遊びのイメージがズレている場合，はじめはリーダー格の子どもに従っているだけだった子どもも，遊んでいるうちに自分の思いや欲求に気づき，自分が相手と違っていることを明確に主張するようになる。そのような場面は，激しい言い争いが始まったり泣き出す子がいたりする等，子どもたちの感情がぶつかり合う場となるであろう。しかし，様々な感情と共に，自分の考えを言葉にして相手にぶつけるという経験は，子どもの自我の育ちにとって，重要な契機である。相手から予想外に激しい言葉や感情をぶつけられた側の子どもにとっても，他者の悲しさやつらい思いに触れて心が揺れ，自分の思いがひとりよがりであったことに気づくきっかけとなるかもしれない。

　次の事例を通して，それぞれの子どもの自我の育ちを考えてみよう。

なじみ深い環境の中で行われた実験では，3歳半から4歳頃には，他者の視点を理解できることが示されている。田島信元他編著『認知発達とその支援』ミネルヴァ書房，2002，p.103.

2)　ジャン ピアジェ，滝沢武久・岸田秀訳『判断と推理の発達心理学』国土社，1982，p.227.

事例9−1　雪合戦での年長児の姿

　朝から雪が降り積もった日。自由遊びの時間，ソリすべりや雪を集めてのままごと等，思い思いに雪と関わりながら過ごす姿が見られる。年長男児A児・B児・C児と，年長女児D児・E児がテーブルの上の雪を集めているうちに，雪合戦をすることになった。離れて置かれた2つのテーブルを陣地にして男女に分かれ，雪玉を用意し始めた。

　F児（男・年中）とG児（男・年少）が男児チームのためにスコップで雪を集め始めたのを見て，不公平だと思ったのか，D児は「（雪をもっていっては）だめー！」と制止しようとするがF児はやめない。A児は，イライラするD児とF児を仲裁しようと声をかける。

　A児の「3対3で投げよう！」という言葉に，「そうだね」と賛同するD児。年長H児（女）も入って，男女3人：3人で雪玉を投げ合うことになった。直後に年長のI児（女）が仲間に入れてほしいとやってきたが人数のバランスが崩れるので，A児とD児が「ダメ」と断った。仲間に入りたいI児は，女児チームのためにスコップで雪を集めて自分もなんとか加わろうとしている。

　D児は，雪を投げ合っている最中にも，ルールを決めて雪合戦をしたいのか，あれはダメこれもダメと，周りの子どもに細かく指示をしている。しばらくするとH児が「やっぱり男の子チームの方がいい」と言ってテーブルを移動した。細かく指示されることのない男児チームに入ろうとしたようだ。雪を投げる仲間に入れてもらえず，女児チームのために雪を懸命に集めていたI児も，自分もH児のように男児チームに加われば雪玉を投げられると思ったのか，男児チームのために雪を集め始めた。

　D児とE児は「Iちゃん，Bくんたちのほうに（雪を）やっちゃダメ！」「Hちゃんはこっちのなかまなんだよ！」と女児チームに引き戻そうとする。それに対し，I児は「IはBくんたちのチームにはいりたーいー。Iだって投げたいの！！いいじゃんべつに，ほんとうのゆきがっせんじゃないんだからさー，ルールなんて！」さらに黙っているD児に向かって「なかまはいりたい！！Dのバカー！！」と叫び，ワーッと泣いて訴えた。D児は雪の玉をI児に向かって投げ，それがI児の頭に当たり2人はにらみ合った。その様子を見てA児は「あーあ。やっぱりこうなるとおもった」とつぶやいた。H児はスーッとその場を離れていった。

　そこへ年長J児（女）が「どうしたのぉ？」と寄ってきてD児の言い分を聞き始める。

I児：「Dちゃんがゆきのたま，あたまにぶつけたの。男の子チームにはいっただけで。Dちゃんのチームじゃなげられなかったからこっちにはいったんだよ」

D児：「なげたっていいんだよ」

I児：「（雪を）集めてってDちゃんがいうから集めたのに！」

　集まってきた友だちに向かって訴えるI児の姿に，D児もなんとか自分の立場を取り繕おうとするが言葉を詰まらせる。保育者が片付けの声をかけ，2人に「だいじょうぶ？」と声をかけるとI児は「だってさぁ」と言いながらも片づけを始めた。それでも気持ちがおさまらずに友だちに自分の気持ちを話していた。D児も困惑しながらも，それ以上自分の正当性を主張することはな

かった。

事例提供者　NPO法人　山の遊び舎はらぺこ　林美紀

● 演習課題

課題1：I児とD児の対立の背景には，雪合戦という遊びに対して，どのような考えの違いがあった
　　　　のだろうか？　2人の思いのズレがどこにあったのかを深く考えてみよう。

課題2：この事例において，A児やJ児の果たしている役割について考えてみよう。

課題3：I児が集まってきた友だちに向かって自分の思いを訴える姿や，D児がI児の言葉を聞いて
　　　　言葉を詰まらせる姿から，それぞれの子どもの自我の育ちを考えてみよう。

（3）自己抑制と自己主張

　事例9－1は，子どもたちそれぞれが，雪合戦に加わりたいという思いをもちながら，一緒に遊ぶ方法を模索している中で，お互いの主張がぶつかり合ってしまった事例である。

　この場面に立ち会った保育者は，遊びが始まったとき，A児がD児や他の友だちの要求も受け入れながら，自分の思いや主張を言葉にして，相手が納得する形で伝えていたことに注目している。他の子どもの意見を取り入れ，みんなでとにかく楽しく遊ぼうとするA児の姿勢を見て，チームの友だちも満足して雪合戦をし続けることができたのではないかと保育者は分析している。さらに，その様子が別の遊びをしていた他の年長児たちにも伝わり，自分も仲間入りして遊びたいという気持ちにさせたのかもしれない。

　途中から加わったI児は，雪玉を投げたいという思いをもっていたが，最初はD児の考えるルールに従い，ゲームの中で，雪を集めるという従属的な役割を担うことでなんとか仲間に加わろうとしていた。D児やE児の指示や要求を聞き入れながら，自分なりにどうすれば一緒に雪合戦ができるかを模索していたI児だったが，D児の指示を押し付けられることに我慢ができず，D児と言い合いになってしまった。

　D児は，ルールを決めて公平にゲームをしなければならないという思いをもっており，ゲームの最中は周囲の友だちにも，その考えに従うよう強く要求していた。しかし，それに反発するI児の激しい感情に触れ，I児の考えや気持ちを聞いたことで，雪合戦の最中の自分の主張や要求がI児にとっては受け入れがたいものだった理由が理解できたのではないかと，保育者は結論付けている。

　柏木惠子は，子どもが自我を確立していく際，「自己」の行動の発現や展開

写真9－4　みんなちがっていることを認める関係へ

3)　柏木惠子『幼児期における自己の発達』東京大学出版会, 1988, pp.12-13.

のあり方には,「自己制御」と「自己主張・自己実現」の二つの方向性があると述べている[3]。

「自己制御」とは,「自分の欲求や行動を抑制し, 制止する働き」である。子どもは, 他者との関わりの中で, 自分の欲求や衝動をそのままぶつけてはいけない場面や, 抑制すべき状況があることを知る。それは, 自分とは異なる主張をもつ他者と意見がぶつかったときや, 遊びや生活において何らかのルールに従わなければならないとき等である。

他方の「自己主張」「自己実現」とは,「自分の意志, 欲求を明確に持ち, これを外に向かって表し実現する」という働きである。すなわち, 人の言いなりになり, 受動的に指示を受け入れて行動するのではなく, 自分なりの意志や目標をもって, それを主張したり, 実現しようと努力したりすることである。

子どもたちが「私」を確立していくためには, 他者の意見に従っているだけでも, 相手の考えを聞かずに自分の主張を押し付けるだけでもならない。この「私」と同じように, 固有の「私」を生きている他者との関わりを通して, お互いが納得できる道を模索し, 共に世界に関わることができるよう調整することが必要である。そして, そうした社会的調節を可能にする「自我」の育ちは, 大人の指示に従うことによってではなく, 幼児期の自発的な遊びの中で, 能動的に他者や外界の事物に関わり, 様々な思いや反応に直接触れることを通して培われていくのである。

●参考文献

柏木惠子『幼児期における自己の発達』東京大学出版会, 1988.

北山 修編『共視論—母子像の心理学』講談社, 2005.

佐伯 胖『共感—育ちあう保育のなかで』ミネルヴァ書房, 2007.

佐伯 胖監修, 渡部信一編『「学び」の認知科学事典』大修館書店, 2010.

田島信元・子安増生他編著『シリーズ臨床発達心理学②　認知発達とその支援』ミネルヴァ書房, 2002.

田中智志『教育臨床学—〈生きる〉を学ぶ』高陵社書店, 2012.

浜田寿美男『「私」をめぐる冒険—「私」が「私」であることが揺らぐ場所から』洋泉社, 2005.

エリク エリクソン, 仁科弥生訳『幼児期と社会1』みすず書房, 1977.

エリク エリクソン, 仁科弥生訳『幼児期と社会2』みすず書房, 1980.

ジャン ピアジェ, 滝沢武久・岸田 秀訳『判断と推理の発達心理学』国土社, 1982.

ジャン ピアジェ, 森 楙監訳『遊びと発達の心理学』黎明書房, 2013.

マルティン ハイデガー，熊野純彦訳『存在と時間（一）』岩波文庫，2013.

マルティン ハイデガー，熊野純彦訳『存在と時間（二）』岩波文庫，2013.

コラム　　非認知的能力と人間関係

　すべての子どもが生き生きと現在を生き，大人になってからも自分らしく幸せな人生を送ってほしい——これはすべての保育者のねがいである。一人一人が自分らしく幸せな人生を生きるために必要となるのは，どんな能力や資質なのだろうか。

　レイチェル・カーソンの著書『センス・オブ・ワンダー』には，彼女が甥のロジャーを森や海辺に連れ出し，自然の中に溢れる美しい現象や，不思議な生命の営みに立ち会って，２人で驚きや感動を分かち合った思い出が記されている。彼女は，こうした幼い頃の経験が，ロジャーの人間性に重要な影響を与えると信じていた。この書のタイトルとなっている"センス・オブ・ワンダー"とは，子どもが生まれつきもっている「神秘さや不思議さに目を見はる感性」のことである。こうした感性を大人になるまで持ち続けることができれば，「たとえ生活のなかで苦しみや心配事にであったとしても，かならずや，内面的な満足感と，生きていることへの新たなよろこびへ通ずる小道を見つけだすことができる」[*1]とカーソンは言う。

　カーソンが強調した"センス・オブ・ワンダー"は，一般的に現代社会の中で成功するために必要だと信じられている「知識」や「技能」，あるいは「学力」と呼ばれる知的な能力とは異なる。世界を素晴らしいものとして肯定的に受け入れる態度，自分を取り巻く人々への根本的な信頼感，様々な物事への飽くなき好奇心と探求心，美しく不思議な現象に驚嘆するしなやかな感性，失敗しても何度でもチャレンジする挑戦心と意欲，多少の困難な体験でも乗り越えることのできる健康的な身体，そして自分を愛し大切にできる自己肯定感—テストで測定できないこれらの能力が，人間性の最も根源的な部分を形作るといっても過言ではない。

　ノーベル経済学賞を受賞したジェームズ・ヘックマンは，こうした「社会的・情動的性質」のことを「非認知的スキル」と呼び，社会的に成功するかどうかはIQや学力検査等で測れる認知的スキルだけではなく，非認知的スキルが大きく貢献すると主張した[*2]。これらのスキルのほとんどは幼少期に発達するため，家庭環境によってその後の人生の質が左右されるという。貧困等で恵まれない家庭環境の中で育つ子どもは，過酷な労働条件の下で生活に苦しむ親が，子どもに配慮する精神的な余裕をもてないために，非認知的スキルを育む豊かな体験を幼少期に経験できない可能性がある。ヘックマンは，幼児期に介入する公的教育プログラムによって，恵まれない家庭の子どもの非認知的スキルを高められる可能性を示唆している。

　非認知的スキルは，どのような関わりによって育まれていくのだろうか。カーソンは言う。「子どもの『センス・オブ・ワンダー』をいつも新鮮にたもちつづけるためには，わたしたちが住んでいる世界のよろこび，感激，神秘などを，子どもといっしょに再発見し，感動を分かち合ってくれる大人が，すくなくともひとり，そばにいる必要があります」[*3]と。子どもが

自ら世界を探求する傍らで，子どものまなざしに寄り添い，ともに驚き感動する大人がそこにいてくれること。子どもの感性を育み，主体的な学びへの扉を開く鍵となるのは，こうした信頼できる大人との人間関係なのである。

＊1　レイチェル カーソン，上遠恵子訳『センス・オブ・ワンダー』新潮社，1996，p.50.
＊2　ジェームズ ヘックマン，古草秀子訳『幼児教育の経済学』東洋経済新報社，2015，p.11.
＊3　＊1と同じ，pp.23-24.

第10章 個性的な子どもと人間関係

本章では，集団の中で特に配慮を必要とする子どもの姿を「人間関係」の視点から取り上げ，その子を取り巻く人間関係がその子だけでなく周囲の大人や子どもたちを変化させ，成長させる姿について示す。そして「関係」がどのような形で表れてくるのかについて示す。さらに，お互いが違いを受け止め「共に生きること」の意味を考え，保育者（幼稚園教諭，保育士，保育教諭をいう）はどのような働きをしたらよいかについて考えるヒントを示したい。

1　保育を支える様々な関係の網の目の中で

保育の現場は，様々な子どもたちと大人たちによる集団生活の場である。園児の他にも一時保育に通ってくる子どもや，併設されたり近所に開かれたりしている子育て支援センター等に通う親子もいる。

それぞれの状況も，育った背景も，表現の仕方も，一つとして同じものはない。中でも，周囲の子どもたちと同じような発達の姿を示さない子どもや，周囲から理解しにくい表現や行動を示す子どもについて，時にその行動を周囲が奇異に感じ，戸惑うこともある。保育者自身がその子の保育に困難を感じ，悩む場合もある。「気になる子」と表現されることもあるが，実際は「困った子」「どうにかしなければならない」「変えなければならない行動」と思っている場合も少なくない。

そのような子どもの保育を考えるときに，対象となる子どもと保育者の関係はもちろん，子ども同士，さらに園内の保育者同士がどのような関係の中で生きているのかをとらえることが重要だと考える。

事例10－1　食事に大きく偏りのあるA児を取り巻く関係

　A児（4歳）は，3歳児の時に自閉症スペクトラムと診断されている。言葉でのコミュニケーションは難しく，いわゆる多動である。食事に大きく偏りがあり，ふりかけをかけた白飯しか食べない。給食がパンの日は家から白飯を持ってくる。ところが，シチューとフランスパンの日に白飯を忘れてしまった。A児にとっては一大事であるので，主任保育者は「お母さんに届けてもらいましょうか」，栄養士は「今から急いでご飯を炊けば間に合うかも」とA児が困らない策を考えた。しかし担任保育者は少し考えてから「そのままのメニューで昼を迎えてみます」と言った。

　ランチルームでの食事が始まった。A児の様子を遠巻きに見る調理師は「やっぱりご飯を炊いとったらよかったかな…」とつぶやき，他のクラスの保育者もA児の様子を心配している。日頃A児は自分が食べない物でもお盆に皆と同じように必ずセッティングをする。ご飯を持参した場合でもカウンター越しに調理師から受け取るのが常である。この日カウンターに来たA児は，調理師から「今日はね！　ご飯，ないのゴメンネ」と空の茶碗を見せられた。無いということがわかり，納得するまでに，ランチルームを歩きまわり，あちこち見まわしながら少しの時間がかかった。しかし，「おそらく何も食べないだろう，きっと泣きわめく」という予想を見事に裏切り，フランスパンの薄切りを自分から手に取り，食べ，お替りもした。これには他の子どもたちもビックリするだけでなく，嬉々として「A君がパンを食べたの！」と喜び，園長や他の職員に知らせて回っていた。

〔事例の考察〕

　この園では，まずA児の入園当初の個別目標を「心身共に安心して満足した一日を過す」とした。これは健常児でも変わらない基本的なことである。そのための大事なことの一つに食べることがある。白飯のみでも，ふりかけでも，とにかくお昼ご飯をおいしく満足するまで食べること。それが情緒の安定となり次の行動をスムーズにする。主任保育者，給食スタッフの発言からうかがえるように，そのことを園全体で共有している。

　担任保育者はA児が，食事に限らずもっと周りを受け止めるキャパシティを広げることができたら，A児自身が楽に生活し，成長につながると考えていた。アクシデントである白飯を忘れたことをよい機会にしたいと思ったのである。

　A児がフランスパンを食べた一件は，急に訪れたわけではなく，A児との毎日の関わりを重ね，お互いを知る時間とお互いの信頼関係を築いてきた担任保育者と周りの子どもたち，そしてそれを支える保育者を中心にした園全体のスタッフの支えがあったからこその出来事だろう。

　この園では子どもと関わる大人たちが一つの基本方針（安心して満足に過ごせるように）を共通に理解しつつ，それぞれがA児に対し温かく見守ったり，関

心を寄せたり心配したりしている。つまり，それぞれがA児に心を砕いている。そのような周囲の大人たちの手厚い関係があるからこそ，担任保育者はこの日の偶然を，チャンスにしたいと決断できたと考える。

　担任保育者はじめ保育者集団の願いと姿勢は，共に過ごす周囲の子どもたちにも伝わっていてみんなの願いとなるのである。また周囲の子どもたちもその姿を見て，大人たちから自分が大切にされ，慈（いつく）しまれる存在だと受け止めることにも繋がるのだろう。

　子どもと保育者の関係，子ども同士の関係，保育者同士の関係，それぞれが影響し合い，支え合いながら，それぞれの関係を豊かなものにし，その中で子どもも保育者も成長していくのだと考える。

　大人も子どもも人間関係の複雑な網の目の中で育つ。しかし人間関係は快な関係ばかりではない。時に子どもやその保護者を傷つける関係もある。信頼に向かう関係だけではない。例えば，園や保護者が「特別な子」として手厚く対応する（される）ことに疲れてしまい，転園する例もある。また，保護者に目を向けると，保護者同士の関係が濃くなりすぎて，毎日のように互いの家を行き来したりすることで疲れて悩み，子どもを転園させる例もある。保護者自身が，適度な距離感を保ちながら保護者同士の関係を結び，生きることに慣れていないのである。

事例10-2　「臭い」と言われることから

　自閉症スペクトラムと診断されたB児（4歳）は「空気中には酸素と…」とテレビで見た子どもの科学番組の内容の説明をし，言葉の豊富さや記憶力等，4歳とは思えないほどで，周囲をびっくりさせるほどである。しかし，B児は赤ちゃんの頃の腸の病気の関係で大便がゆるく，大便の自立がまだできていない。前に通っていた園で「臭い，汚い」と友だちに言われたことがB児の心に影を落としているようだった。転園後のある日，主任保育者との会話の中でB児が「（前の園の）○○君が僕をいつも臭いっていじめるんだ」と話した。主任保育者は，わざと怒ったように「私がぶっ飛ばしてあげる」と言った。B児は「ホント！」と顔を上げ，明るい顔をした。この頃，園で一番に大切にしたことは，B児の劣等感を払拭することであった。またお漏らしの時は，子ども用のシャワーではなく，職員用のトイレで後始末をするように心がけた。

〔事例の考察〕

　「臭いと言われる」「いじめられる」と，自分の心の傷のような嫌な思い出も言葉に出して保育者に訴えることが"できる"関係が，B児と保育者の間にあることがわかる。子どもは今の保育者との関係に支えられながら，過去の他児との関係に立ち向かっているのではないか。「ぶっ飛ばす」等という大人らしからぬ予想外の答えが，B児の気持ちを勇気づけたように思われる。

「劣等感を感じる」ことも，関係の在りようの一つの姿であると考える。この園では，子どもの目に触れない場で便の始末をすることを心がけて関係を変えようとした。具体的な援助の工夫が，関係を変えていくこともある。

2　関係が他の関係を変える

　保育の場は様々な関係で成り立っている。そして一つの関係の育ちが，他の関係を変えたり，育てたりする。

事例10-3　誕生会を参観した母親の喜びと変化

　C児（4歳）は重度ダウン症の診断を受けている。まだ歩行が確立しておらず，通常はハイハイで移動している。言葉もまだ出ていない。そんなC児の姿を母親は受け入れることができないようで，送迎の際に保育者が「Cちゃん水遊びの時，声を出して笑って…」と母親に伝えるが，一向に反応がない（ようにみえる）。C児が園で初めて一歩歩いた時も母親は「あーそうですか」とそっけない反応であった。担任保育者はがっかりし，いつになったらC児の変化を喜んでくれるのかと途方に暮れる想いだった。

　C児は水が大好きでハイハイで足洗い場まで行き，最近自分で水道をひねることを覚えた。毎日そこに行って，手を出して水の感触を楽しみ，時に舐めたりして夏を楽しんでいた。

　秋の保育参観期間がやってきた。母親は在園してこれまでの2年間一度も参観したことがなかったが，C児の4歳の誕生日に初めて参観を申し込んできた。参観中も遠巻きにC児を見ているような見ていないような様子に，担任保育者は「他の子との違いが辛いのだろう」と感じていた。

　この園では誕生会は，その子の誕生日にクラスで行っている。担任から「Cちゃんの誕生会始めます」と声がかかると，外で遊んでいる子どもたちも「Cちゃんの誕生会…」と言いながら入ってきた。C児を前にして子どもたちが集まる。通常は誕生児に「好きな食べ物は何ですか」等，子どもたちの方から本人にインタビューする。この日担任保育者は，C児を膝に乗せて「Cちゃんの好きなもの知ってる人」と逆に子どもたちに質問した「ハイ！　ハイ！」とたくさん子どもたちの手が上がった。「あのね，水道のところでお水出して触ること」。次にC児の得意なことを尋ねると，また手がたくさん上がった「紐を持ってね，クルクル回すこと」等，日頃のC児がうれしそうに過ごす時のことを子どもたちは答えた。

　翌日，母親から連絡帳を通して，昨日の誕生会の感想が届いた。

C児の母の連絡帳から

　正直，昨日はビックリしました。Cは他の子のように喋れないし，歩くことも走ることもできないので一緒に遊べない，だから園でも一人だと思っていました。ところが「Cちゃんの誕生会だよー」と言ってうれしそうに集まってくる子どもたち，そしてCの好きなこと，得意なことを

皆が知っている。Cが紐を回すのだって，私はCの得意なことなんて思ってもなく，あれしかできないと。水ばかり触っているCには困ったものだと思い，Cが楽しんでいるとは思いもよりませんでした。

　Cは○○組のひとりなのですね。先生たちが，いつもそれぞれの子どもたちの好きなことや得意なことを一緒に喜んでくれているからですね。そのことが参観でよくわかりました。

〔事例の考察〕

　母親の喜びが連絡帳からあふれている。C児がクラスの一員として存在を認められていることを母親は感じ，わが子と周囲の子どもたちとの温かい関係が母親の気持ちを変えた。

　通常はインタビューを受けて誕生児が答える形式だったが，担任保育者は，逆に他の子どもたちが答える形式に変えた。担任保育者の膝に乗って，自分のことを話題にしてもらっているC児は，きっと母親からみてもうれしそうにしており，担任保育者に対する信頼に満ちた表情をしていたことだろう。担任保育者と子どもの関係が母親を変え，C児と母親の関係も変わりつつある。

　このように一つの関係（担任保育者と子ども）が，子どもと母親の関係も変えていることがわかる。

　またこの事例から，関係が育つということは，相手の好きな物や好きなことを「知っている」「知りたいと思う」ことなのだとわかる。

3　子どもの「訴え」を聴く

事例10－4　慎重に受け止めるようになった保育者

　D児（5歳）は4月生まれで，体格がよく運動能力に優れている。ボキャブラリーの多さだけでなく，物事を理路整然と説明し，保育者も舌を巻く時がある。しかし見学者や参観に来た他児の母親の顔にいきなりボールをぶつける等，突発的に乱暴な行為を繰り返すこともあった。友だちとのトラブルも多く，強引に自分の主張を通そうと乱暴な言葉や腕力で威圧する場面が多々見られ，担任保育者にとっては「何でもできるが扱いにくいD児」であり，どのように受け止めたらよいか悩んでいた。

　秋になり，いつもより遅い時間にD児ら3〜4人がテラスで食事をしていた。他クラスはお昼寝に入り，小鳥の鳴き声しか聞こえない静かな空間だった。これまでの子どもたちの喧騒からうって変わった静けさに，担任保育者は「静かだねー」というと，D児は「静かじゃねーよ，うるさいよ」と乱暴に言い返した。担任保育者はビックリしたと同時に「またD児が人の気持ちを逆なでするようなことを」と思い，苛立ちを覚えたが，その気持ちを一旦心の奥にしまった。その

時シーンとする中に小鳥の鳴き声だけが，かなり際立っているのに気付きハッとし「もしかしてこれを『静かじゃねーよ』といったのかもしれない」と思い，Ｄ児に向って「そうか鳥の声いっぱいだもんね，静かじゃないよね」と言葉を返した。するとＤ児はにっこりとほほ笑み返した。Ｄ児のこんなに素直で無邪気な笑顔は見たことがなかった。

　以来，担任保育者はＤ児の発言を少し角度を変えて受け止めてみるよう心がけた。これまで，朝の会や話し合い等で，Ｄ児は断突に発言が多く，担任保育者としては他の子にも発言をさせたいという思いから，Ｄ児の発言を少なくして進行することに気を使っていたと気付いた。この小鳥の鳴き声のエピソード以来，Ｄ児の言っている意味や意図を慎重に受け止めるよう心がけた。「そうかＤ君はそこをそう考えたのか。でどうしたら…」のように返すと，Ｄ児は次々自分の考えを繰り出してくる。Ｄ児は探求心旺盛で面白い。担任保育者とのやりとりに他の子どもたちも注目するようになった。乱暴な行動や発言もすっかりなりを潜め，次第にＤ児は他の子どもたちからも受け入れられ，頼りにもされるようになり，関係がよくなっていった。気が付くと話し合いの場面でも，Ｄ児は落ち着いて，友だちの発言にも耳を傾けＤ児の発言回数は少なくなっていった。

〔事例の考察〕

　　保育者はいつの間にかＤ児の発言を抑え込んでいたようだ。時として保育者は，能力の高い「発言する子，したい子，できる子」よりも「発言しない，できない，しようとしない子」に配慮してしまう傾向があることに注意する必要がある。

　　Ｄ児は，担任保育者に自分の「訴え」に耳を傾け，慎重に受け止めてもらえることによって，乱暴な行動や言葉が少なくなり，話し合いでも他児の話を聞く姿が多くなり，ますます他児との関係が良くなるというプラスの循環になっている。このようなプラスの循環のきっかけは，担任保育者が自身の感情を「一旦，心の奥にしまう」ことによる気付きだった。そして，今までに見たこともないような素直で無邪気なＤ児の笑顔が，担任保育者のＤ児への視点を変えたのではないか。関係を変えるときには「まず保育者から」であるが，その後はＤ児，担任保育者，他児らとの相互作用だと考える。

事例10−5　診断名がつくことで「訴え」が聴こえなくなる

　Ｅ児（５歳）は，軽度の発達遅滞と診断されている。４歳から持ち上がりのＡ保育者と新任のＢ保育者の２名が担任である（支援を必要とする子が他にもいるので，内１名は加配保育者）。Ｅ児は新しい生活への少しばかりの戸惑いからなのか，静かな事務所や医務室に来て，本を見て過ごす時間が４歳の後半より増えていて，そのことは担任保育者も気にしていた。

　５月の初め，子どもたちが楽しみにしていた"こいのぼりライス"の日，ランチルームからＥ

児の激しく大泣きする声がした。「××××がないの〜」と叫んで顔は涙でぐしゃぐしゃである。園長が様子を見に行くと，A保育者が「ナプキンがないって泣いてるんです，一緒に探してもなかったのねー」とE児に代わって説明するように言う。E児は泣き続けながら「××××がないの〜」と繰り返す。その場にいた主任のC保育者は「E児はまだ他の子より幼いからね」と言い，B保育者は「ないんです，さっき一緒に探したので」「園の物を貸してあげるから」とも言った。E児は依然として泣き止む気配がない。

するとフリーのD保育者（昨年までE児の担任）が「一緒に探しに行こう」と保育室へE児と行った。しばらくして，ナプキンを持ったE児が笑顔で帰ってきて「こいのぼりライス」をおいしそうに食べた。

〔事例の考察〕

ナプキンが見当たらず，泣き続けるE児。発達に遅れをもったE児に対しては特別な支援が必要であることは，園の誰もが認識している。しかし保育者にとってこの「特別な支援が必要という考え」が一種のバイアス（先入観）となり，子どもの訴えの真の意味，心の声を聴く，その聴く力を妨げることもある。「障害のある子だから認知力が低く自分で今日ナプキンを忘れたことをわかっていない，納得できなくても仕方がない」と保育者は思うこともある。あるいは他の子なら「悲しくて泣いた」ことであっても，障害等の診断名がつくことで「パニックを起こした」ととらえてしまい，そこに子どもの真の「訴え」が聴こえなくなる関係ができてしまうこともある。

4　保育者間の関係と立場や役割

保育の場では，一人の子どもや一つの場面に，複数の保育者が関わることが多い。この園では，事例10−5の出来事をその日のうちに，ミーティングで取り上げ話し合っている。D保育者の行動が，今後の保育者間の関係に離齬（そご）を生むきっかけともなりかねないと考えられたからである。この日，担任保育者のAとBはこの出来事をどのように受け止めていたのだろうか。また仮にD保育者が担任保育者より経験の浅い若手の保育者だったら，この行為をしただろうか。その時，担任保育者はD保育者の言葉を受け入れることができたのだろうか。このあたりの微妙な保育者間の関係性を考えると，D保育者のような踏み込んだ行動を躊躇（ちゅうちょ）しがちにもなる。あるいは，担任保育者の意図をよく理解していない勇み足だったりすることもある。

事例10－6　保育者間の立場や役割よりも子どもを優先

その日のデイミーティングでは以下のような対話がなされた。

A担任保育者：「今日のE君の件ではDさんに助けられました」

D保育者　　：「E児は昨年まで担任していて，すごく几帳面な子だから，もしかして，家か らは，ナプキンを持ってきたのかなと思ったりもした。担任の立場もあるの にゴメンネ。でもここはわかり合えると思った。園では一人の子どもを中心 に置くという共通理解があるからできたと思う」

B担任保育者：「私はまだ着任して1か月あまりですが，自分もナプキンを探してみて見つか らないのでE児には，ないことを納得してもらうしかないと思っていました。 他の子もいるのでE児ばかりに関わってはいられないし」

T看護師　　：「どのクラスも今は4月にスタートしたばかりで，どの担任も一生懸命保育し ているけど，余裕がないように見えます」

K保育者　　：「どの子にもいえるけど，特にE君のような子どもは，担任だけで保育しよう とせずに，クラスを越えて保育することが大事だと思う。今の時期4，5月 は特に必要ね」

T看護師　　：「それぞれの立場（担任やフリー保育者，あるいは他の職員等）から見える子ども の姿も違うと思う」

C主任保育者：「子どもが見せる，自分を出す姿も相手によって微妙に違うということもある しね。今日の場合も担任の対応が悪いとか，逆に担任のメンツを潰されたと か思ったら次につながらない。皆がそれぞれの立場で子どもに向き合い，そ れぞれの考えと子どもへの対応の風通しよくすることをしていきましょう」

〔事例の考察〕

　「担任の立場もあるのにゴメンネ」「担任のメンツを潰された」の発言から， やはり保育者同士の間には，互いの立場への配慮が働いている。しかし「子ど もを中心に置く」ことが「園で共通理解されている」ことへの信頼があること で，D保育者は担任の立場を越えた関わりをすることができている。保育者間 の関係が，真に子どもを第一に考えたものになるためには，園での考え方を共 有すること，共有していることへの信頼が重要だと考える。

事例10－7　困っている気持ちに共感し，つき合いたい

C主任保育者が，D保育者にその時の気持ちや考えを尋ねたところ，次のように話した。

C主任保育者：「なぜ，担任が関わっている場面に踏み込んで関わったのかしら。子どものこ とが優先できたのは，なぜなのかを知りたいなあ。担任への遠慮から躊躇す る気持ちはなかった？　これからのためにもぜひ教えてほしいです。若手な

　　　　　　　　　　ら躊躇してしまうかもしれない」

D保育者　　　：「まず，あんなに楽しみにしていたこいのぼりライスを前にして大泣きしているE児を，早くその状況から<u>脱してあげたいという思い</u>からでした」

C主任保育者：「担任2人が『無い』と言っているのになぜ一緒に探しに行ったの？　それとも，どこかにあると思っていたの？」

D保育者　　　：「あれだけ主張する彼の姿から，どこかにあるのではという思いもありましたし，ないかもしれないとも思いました。大人の言ったことを第一にというのは，保育の現場ではどうでしょうか。私は，子どもをまず信じるということが大事なことだと思っています」

C主任保育者：「結果，ナプキンはあったのですよね」

D保育者　　　：「あるかないかの結果は関係ないと思っていました。ナプキンは確かに床に落ちていて，あったのですが，なかったという結果だとしても，<u>一緒に探しに行くこと，彼のその困ってる気持ちに共感すること</u>こそに意味があると思っていました。なかった場合にどうやって彼が自分を納得させて立ち直るのか，<u>そこにつき合いたいと思った</u>から一緒に探しに行きました」

〔事例の考察〕

　D保育者はE児の辛い状況に「何とか脱してあげたい」という思いからE児に働きかけている。前年度に担任をしていてE児との関係が深く，気持ちが伝わるのかもしれないと思ったからだろう。そして，ナプキンを"見つける"ことより，「一緒に探しに行く」こと，E児自身がどうやって自分を納得させて立ち直るのか「そこに"つき合いたい"」という思いがD保育者を動かしている。ここに，E児と"共にある，共にあろうとする"D保育者の関係のもち方がみえる。このような"横並び"の関係が重要である。

　これまで述べてきたように，子ども・保育者・保護者は，それぞれ複雑に重なり合う人との関係の網の目の中に生き，関係を結び直しながら成長しているといえる。「人との関係」は信頼し合う関係だけでなく，ときには，劣等感や疎外感を感じさせたりすることもある。しかしそのような感情に立ち向かい，乗り越えることを支え，助けるのも「人との関係」である。関係は相互的なものであるが，この関係を，よりよきものにしていくきっかけは保育者が作らねばならないと考える。そのためにも，実際の保育の中で，保育者が自身も含めてどのような関係が結ばれ，どのような方向に向かっているのかを常にとらえることが重要である。

● 演習問題

課題1：事例10－5・6・7のエピソードを，グループで図に整理して話し合ってみよう。Ｅ児や
　　　　　　Ｄ保育者，担任保育者のＡ・Ｂ，またその他の登場人物の言動を拾い出し，それぞれの気
　　　　　　持ちや考えを書き込んでみよう。

課題2：「困った行動」と思われる子どもの行動を具体的にあげ，その子の心理状態，行動の意味
　　　　　　を，その背景を含めて考えてみよう。

課題3：特別に配慮の必要な子どもが入園してくることになった。それを知った一部の保護者や保
　　　　　　育者から，心配だとの声があがった。それぞれがどんな心配を抱くのか，具体的に考えて，
　　　　　　書き出してみよう。そして，それぞれが心配を抱いている時にはお互いにどのような関係
　　　　　　が結ばれているのかに注意しながら，どのような対応をしたらよいか，話し合ってみよう。

● 参考文献

鯨岡　峻『〈共に生きる場〉の発達臨床』ミネルヴァ書房，2002.

鯨岡　峻『保育の場で子どもの心をどのように育むのか』ミネルヴァ書房，2015.

東田直樹『自閉症の僕が飛び跳ねる理由』エスコアール出版部，2010.

ローナ　ウイング著，佐々木正美・久保紘章・清水康夫監訳『自閉症スペクトル　親と専門家のためのガイド
　　ブック』東京書籍，1998.

コラム 支援センター，一時保育，保育園の"それぞれの機能だけで"子どもは育たないこともある

F児親子は2歳頃から，保育園併設の地域子育て支援センター（以下，支援センターと表記）を利用していた。3歳になると時々母親の通院のため，一時預り保育（以下，一時保育と表記）を利用することもあった。支援センターも一時保育も利用者は0，1，2，3歳がほとんどであるが，職員の小さい子への面倒見がよくF児は喜んで過ごしていた。4歳になりF児自身が遊びに満足できていない様子がうかがえたので，保育者は「同じような年齢の子どもたちと一緒に過ごすことが必要」と感じ，来年度の幼稚園か保育園への入園の意向を聞いたが，母親はあまり反応しない。そこでF児の満足できる保育環境を考え，一時保育で引き続き受け入れたが，F児が一時保育に来た日は4歳児クラスで保育した。4歳児クラスでは，特定の仲のよい友だちもでき，楽しそうに一緒に遊ぶ姿が見られるようになった。やがてF児は5歳になった。小学校まで1年余りとなり幼稚園の入園申込みの時期が来たが，母親は入園を考えている様子もみられない。センターや一時保育の担当者は「経済的な関係や，母親集団への拒否がうかがえるのではないか」と見立てていた。

新年度も年長クラスと一時保育クラスで受け入れたが，6月くらいから，どちらで受け入れてもF児が朝に泣くようになった。年長組になると毎日の継続で遊びや友だち関係があるため，継続ではないF児には入りにくいのかもしれない。しばらく個別で園長がF児に関わり，安定した時間をもつよう心がけた。ある日「Fちゃんは何でもよく知ってるし，できるから，来年学校だけど大丈夫だね，後は，朝泣かなければね」と園長が言う

写真10−1 一緒に楽しむ

と，F児は，意外にも「私もそれが一番問題だと思うの」と言った。F児はF児なりにいろいろと考えていたのだ。

園長は，母親にこの話をし「保育料の件や入所要件は，役所に相談に行ってみて」と入園を勧めた。同時に園としては，入園に向けてスムーズに運ぶように役所との連携を図った。母親は保育園の入園を申込み，年長クラスにF児は入園することができ，小学校へ入学するまでの最後の半年を生き生きと過ごした。

F児は，泣くことや，「私もそれが一番問題だと思うの」と言うことで，子どもたちとの関係の違和感を表現した。そのことは母親に勇気と決心をさせ入園につながったと考える。

保育施設のそれぞれの機能だけでは子どもの育ちを支えきれない場合もある。支援センター一時保育，保育園，役所のそれぞれが連携することにより，一人の子どもの育ちを支えることができた事例である

第11章 領域「人間関係」からみた 小学校との連携

本章では，領域「人間関係」を中心に小学校との連携を考える。本来，保育内容を述べる際に，総合的に指導を行うことに留意しなければならないが，本章では，総合的な指導を前提に領域「人間関係」に焦点を当てて，小学校との連携と保育について述べていく。さらに，領域「人間関係」にまつわる小学校との連携についての課題をいくつか提示し，考えていくことにする。

1 小学校との連携から保育を考える

（1）なぜ，「小学校との連携」なのか

本章では，領域「人間関係」と「小学校との連携」について考えていく。

現代社会における幼児期の子どもたちの課題として，大きくわけて2点指摘できる。一つ目は「豊かな人間関係の喪失」である。今日，家族の縮小化（核家族世帯の増加）や地域における人間関係，仲間関係の希薄化のため，子どもたちにとって豊かで直接的な人間関係を結ぶことが困難な状況が生じているためである。

二つ目は「直接体験の不足」があげられる。現代は，高度情報化社会であり，そのような環境の中で，乳幼児期からテレビ，パーソナルコンピューター，スマートフォン等のメディアに長時間，触れている機会が増え，直接体験をする機会が少なくなっているためである[1]。

幼稚園教育要領（以下，教育要領），保育所保育指針（以下，保育指針），幼保連携型認定こども園教育・保育要領（以下，教育・保育要領）では，このような現代社会における子どものたちの課題を踏まえて考えられているが，小学校との連携に関しては，就学前保育・教育施設（幼稚園・保育所・認定こども園をい

1) 榊原博美「現代社会の問題と保育内容『人間関係』の課題」名古屋柳城短期大学研究紀要, 34, 2012, pp.149-156.

＊1　小1プロブレム

　小1プロブレムとは，小学校入学直後から，教諭の話を聞かない，おしゃべりをする，立ち歩く等で，授業が成立しない問題である。少子化・核家族化，地域社会の崩壊により，人と関わる力や基本的生活習慣が身に付いていないこと等から起こるといわれている。

う）の保育において育まれた資質・能力を踏まえ，小学校教育との円滑な接続を図るよう努めることになっている。つまり，幼児期の段階から学童期の段階へと移行する過程において，「幼児期の終わりまでに育ってほしい姿」をイメージしながら子どもの発達や個人差に留意しつつ，保育を実践しつつ，小学校においてスタートカリキュラムを編成し，小学校教育へと子どもたちを誘うことが求められる。

　「小学校との連携」や「小学校への円滑な接続」が叫ばれるようになった背景として「小1プロブレム」＊1がある。1998（平成10）年頃から「小1プロブレム」という小学校に入学したばかりの子どもたちの授業が成立しない状態が長く続く問題が指摘されるようになった[2]。

　当時のある小学校教諭が「小1プロブレム」に直面したときの手記を下記に紹介する。

事例11-1　小学校1年生の担任が目の当たりにした小1プロブレム

　小学校4年生の担任から久しぶりに小学校1年生の担任になり，入学式に臨んだ際の率直な感想は，目の前にたくさんの「小さい宇宙人」がいるようであったということだった。話す言葉，とる行動，何をとっても4年生とは違い，理解や関わりが難しいと感じた。さらに驚いたことは，7～8年前に小学校1年生の担任を務めた際の子どもたちと異なり，入学式に初めて出会った子どもたちは，落ち着きがなく，式典の間に席を立ったり，中には，ウロウロと歩き始める子どももいて，正直，驚いた。

　式典が終わり，教室まで案内する途中，自分で座っていた椅子を持って教室まで移動をしたのであるが，並んでいる列から寄り道をしたり，子ども同士で持っている椅子をぶつけ合ったり，順番を抜かしてけんかをしたりと子どもたちが荒れているような印象を受けた。

　教室に着いて，自分の席に着くように案内をしても，いつの間にか自分の席とは違うところに移動し，ふざけ合う子どもがいたり，椅子の上から飛び降りる光景をみて，今までの小学校1年生の印象とはかけ離れた様子を目の当たりにした。

　教卓から，「みなさん，小学校ご入学おめでとうございます」と話しかけても，平気で後ろを向いて話す子どもや席を立ち上がる子どもをみて，まだ，入学式当日なのにもかかわらず，小学校として指導を始める前から，学級集団として成立しないのは，どういうことであるのか戸惑いを感じた。

　同時に，そばに一緒にいる保護者が注意をしない姿に驚きを感じた。

　私は，いわゆる幼稚園や保育所で，子どもたちが自由に生活することが行われていることを後から同僚の教諭から聞き，今回の出来事は，自由にさせている幼稚園や保育所での指導がよくないのではと考えた次第である。

　この手記のように，当時の小学校教諭の中には，小学校1年生の子どもたち

を「小さな宇宙人」という比喩を使い，子ども理解の難しさを表現する教諭が少なからずとも存在した。子ども理解の難しさに，さらに追い打ちをかけて，小学校入学の段階から学級集団が成立しない状況に，当時の多くの小学校教諭は，手記のように，就学前保育・教育施設での「自由」な指導に問題があると考えたのである。

しかし，こうした見方は，子どもの主体的な活動を大切にする就学前保育・教育施設における保育の基本をきちんと理解していないといえる。また保育者（幼稚園教諭，保育士，保育教諭をいう）が小学校教育への接続をあまり意識せずに保育を行っていること等も課題となり，小1プロブレムについて問題提起が行われ，小学校との連携が重視されるようになってきたのである。

2）東京学芸大学小1プロブレム研究推進プロジェクト『平成19年度～平成21年度特別教育研究経費事業小1プロブレム研究による生活指導マニュアル作成と学習指導カリキュラムの開発』2010.

（2）小学校との連携から生まれる交流

就学前保育・教育施設が小学校との連携をはかる際に，そこには，子ども同士の人間関係，子どもと保育職員との人間関係，さらには，子どもと小学校教職員との人間関係等，様々な人間関係が「縦糸」と「横糸」を紡ぐかのように複雑な関係が織りなされる。

事例11－2　小学生との芋洗い

近隣の小学校の1年生が，園の行事である「やきいも会」に招待された。すでに5歳児クラスの子どもたちと小学1年生の子どもたちは「いも掘り」行事を一緒に取り組んでいたため，5歳児クラスの子どもたちは，憧れの小学1年生のお兄さん，お姉さんが久しぶりに来園するのを楽しみにしていた。

「やきいも会」が開始されると，A児（5歳）は，水道で，芋の土を落とすために洗っていた。すると，顔見知りのB児（小学1年）がA児に「うまく芋を洗ってるなあ。俺たちが取った芋だから，絶対にうまいぜ。協力して洗っていこうぜ」と声をかけた。A児は，声をかけられ，うれしそうな顔をし，「うん。♪一緒にしよう，一緒にしよう…」と返事と鼻歌を歌いながら，B児の真似をして，張り切って芋洗いに励む姿がみられた。すると，A児の隣にC児（5歳）がやってきて，土がついた芋を両手に持って，しばらくA児とB児が芋洗いする様子を眺めながら，立ち尽くしていた。A児がC児に「芋を洗わへんの？」と声をかけると，「芋を洗っても，きれいに土が落ちへんから，洗わん」と曇った顔をして水道から離れようとした。そこへD児（男，小学1年）が，真剣な顔をしながら，芋を三つ抱えて水道のA児たちのところへやってきて，C児に「芋，洗わへんのか？」と尋ね，すかさず，「こう洗うと土がきれいに落ちるんだよ。一緒にやんないか？　楽しいよ」と芋の洗い方をC児に見せながら，誘っていた。C児は，D児の洗い方をみながら，「こうやるん？」と聞き，D児も「そうだよ，やるねえ」と応じ，水道の洗い場では，A児，B児，C児，D児が芋を洗いながら，会話が弾んでいた。しばらくして，C児は，E児（3

歳）と保育者Fが芋を洗いに来たところをE児に声をかけ、「洗うの、できへんかったら、俺が一緒に洗ってやるで」と笑顔で話していた。

3）　日本学術会議『我が国の子どもの成育環境の改善にむけて』2016.

近年の子どもたちにとって、子ども同士で徒党を組んで遊ぶという経験は、ほとんど失っている状況である[3]。そのような意味で、就学前保育・教育施設は、子ども同士を結びつけ、人間関係の経験を積む重要な場となっている。また、保育の質を考えた時に、地域に閉ざされた園より、開かれた園の方が、多様な人たちと子どもたちが関わることができるので、質の向上につながるといわれている。

小学校との連携についても、地域に開かれた園における保育の質の向上という観点から考えることもできるが、幼児期の保育と小学校教育の円滑な接続という観点から考えることもできる。

事例11－2では、地域に開かれた園という観点から考えると、通常の園生活の子どもたちとは異なった年齢や特性の子どもたちと一緒に園生活を過ごすことができるのである。

まさに、通常の園生活では経験できないことを通して多様な人間関係が育む豊かな体験が、気付きや学びにつながるという利点がある。5歳児にとって、ロールモデル（手本）となる憧れのお兄さん、お姉さんと一緒に過ごすことで、様々なことを学ぶことができる。小学生のB児から始まった他児への積極的かつ援助的な関わりが、A児へと伝播し、C児に援助的に関わっている様子がみられた。さらに、小学生のD児のC児への援助的な関わりがC児に伝播し、E児への援助的な関わりへとつながっていった。

見方を変えると、小学生のB児とD児の親しみがあり、温かさをかもし出す雰囲気が、水道の洗い場の雰囲気を決定づけたともいえる。

一方、小学校教育との円滑な接続という観点から考えると小学校1年生のお兄さん、お姉さんと顔見知りになり、様々な経験を通して、人となりを知ることができ、小学校入学に向けて、若干ではあるが見通しを立てることができるだろう。さらに、別の行事として小学校見学等を体験することによって、小学校を身近に感じ、小学校入学後の学校生活への準備を始めることができる。

このように、幼児期の子どもたちにとって、周囲の人間関係に関わる経験が直接体験を通しての「学び」の基盤となり、小学校入学以降の新たな出会いの中での育ちにつながっていくのである。就学前保育・教育施設のような子どもの生活の場が、保育の場である以上、そこで営まれる経験は、小学校以降の教育を意識して、子どもたちの営みを総合的に指導し、領域という観点からとらえることが求められる。そのような意味で領域「人間関係」と小学校教育との

連携を考えることは，大切なことである。さらに，小学校の子どもたちからみても，幼児期の子どもたちとの交流を通して，貴重な学びを獲得することができる。交流活動では，就学前保育・教育施設と小学校にとって，お互いに教育的にプラスとなる活動を展開する必要がある。

次に，このような小学校との連携を行う際に領域「人間関係」に関わることでの課題について述べる。

2　小学校との連携における課題

（1）「人間関係」についての保育者と小学校教諭との認識の隔たり

就学前保育・教育施設の保育者は，教育要領，保育指針や教育・保育要領の中で「幼児期の終わりまでに育ってほしい姿」として共通に示されている修了時の具体的な姿を考慮しながら保育をすることが求められている。

この「幼児期の終わりまでに育ってほしい姿」の中には，例えば，「協同性」のように，友だちと関わる中で，互いの思いや考え等を共有し，共通の目的の実現に向けて，考えたり，工夫したり，協力したり，充実感をもってやり遂げるようになる姿や「道徳性・規範意識の芽生え」のように，友だちと様々な体験を重ねる中で，してよいことやわるいことがわかり，自分の行動を振り返ったり，友だちの気持ちに共感したりし，相手の立場に立って行動するようになる姿等があり，子どもたちの人間関係を通した育ちや学びが中心的な課題となっている[4]。

すなわち，日常の保育実践の中では，子どもたちの人間関係を通した育ちや学びが中心であり，重要な位置を占める。

しかし，小学校教育の中心は，教科を中心とした授業であり，人間関係を通した育ちや学びは，側面的な位置に置かれている現状がある。ここに，保育者と小学校教諭との間で，子どもたちの「人間関係のとらえ方」の認識に大きな差がある。そしてこの認識の違いが，小学校との連携を図るうえでの課題となっている。

就学前保育・教育施設では，教育要領，保育指針等において領域「人間関係」が5領域の1領域として位置付けられている。保育者は，総合的な指導をする上で，子どもたちの人間関係における直接経験から，どのような学びを獲得しているのか，その学びが小学校入学後の学びにどのようにつながるのかということを認識する必要がある。このような認識は，小学校教諭との共有理解

4）　文部科学省『幼稚園教育要領』（第1章第2），2017.

厚生労働省『保育所保育指針』〔第1章　4（2）〕，2017.

内閣府『幼保連携型認定こども園教育・保育要領』（第1章　第13），2017.

125

**写真11−1　幼児期の友だち
との関わり**

が重要であり，逆に保育者は，小学校入学後の子どもたちの学習内容や小学校生活の理解から，保育における人間関係の学びが具体的にどのように接続するのかを認識することが必要である。

この認識を保育者と小学校教諭が共有することにより，初めて，領域「人間関係」と小学校との連携を考える出発点に立てるのである。

（2）カリキュラムに関わる課題

小学校との連携について検討する課題の一つに就学前保育・教育施設と小学校のカリキュラムについて，いかに連続性を保つかということがあげられる。例えば，幼稚園における入園当初に保育者は，「保育者や友だちと仲良く遊ぶ」といったねらいを立てることがある。そして，卒園直前になると「友だちと考えたり，工夫をしたり，協力したりしながら仲良く遊ぶ」といったねらいを立てることがあるだろう。

しかし，無藤隆が指摘するように，小学校1年生になっての小学校教諭が立てる目標が「友だちと仲良く遊ぶ」というような言葉を使い，まるで前述したように入園当初の保育者が立てたねらいと同じような目標が立てられる現実がある[5]。さらに，小学校6年生になっての目標が「自分で考え，工夫し，友だちと協力をする」といった内容になることもあり，この目標も前述した卒園直前のねらいと同じような目標が立てられるのである。

すなわち，言葉だけ追っていくと，幼稚園入園から卒園まで人間関係において順調に育っているため，子どもたちに求められる関わりの質が高くなっているのであるが，小学校1年生になったとたんに，子どもたちに求められる関わりの質が急に低くなる，つまり入園当初の関わりの質と同じになるという現象が起きるのである。その後，小学校6年生まで，また，求められるものが高くなっていき，あくまでも言葉上ではあるが，卒園直前のねらいと小学校6年生の目標が同じような関わりの質を子どもたちに求めているようにみえてしまうのである。

このことは，無藤が指摘しているように，卒園の時点での協力できることと小学校6年生での協力できることというのはレベルが相当違うにもかかわらず，同じような言葉を使っていることについて，十分に検討がなされていない

5)　無藤 隆『幼児教育の原則』ミネルヴァ書房，2009，p.129.

現状がある⁶⁾。

6)　5) 前掲書，p.130.

　今後，このような同じ言葉を使用していても質的内容が異なるという非なる概念をどう記述するかという課題が，領域「人間関係」に関係するカリキュラム上では存在するのである。概念の記述が整理されない限り，あたかもカリキュラム上においては連続していない状態が続くかのようにみえてしまう。

　このような意味から，例えば幼児期の「協力」と小学校６年生の「協力」の質的内容において何が異なるのか，さらに述べてしまえば，「相手の立場」「きまりを守る」「社会生活との関わり」等，領域「人間関係」に関わるような言葉において，幼児を対象とするのと小学生を対象にするのとでは意味内容が異なる点に保育者は無自覚であってはならない。

事例11－3　飼育当番の活動

　5歳児クラスのG児（6歳），H児（6歳），I児（5歳），J児（5歳）の4人は，セキセイインコやウサギを飼っている飼育小屋を掃除し，エサをあげる飼育当番であった。4人とも飼育当番は初めてではなく，前回に当番であったときに，保育者Kに手順を教わりながら，一連の当番の流れを経験していた。

　今回も保育者Kに声をかけられた4人は，保育者Kと共に飼育小屋の前に集まった。保育者Kが4人に「今日は，あまり小屋が汚れていないので，お掃除をする人とエサを用意する人に分かれてやりましょうか」と提案すると，G児が，「それじゃ，俺はエサの準備をする」といい，H児が「私とJちゃんが一緒に，お掃除をする。ねえ，Jちゃん，いいよね」とJ児に同意を求めた。J児は，「私もGちゃんとお掃除する」といいながら，G児の顔を見て微笑んでいた。

　G児は，「Hくんは，そうしたら，エサの準備を俺とやろうよ」とH児を誘うとH児は「うん，一緒にやろう」と意気投合し，保育者Kと共に，それぞれの役割分担を守りながら，当番活動を続けた。

　そのうちに，H児とJ児は掃除を終えて，G児，I児に向かって，「エサの準備が終わったら，一緒にエサをあげようね」と提案をしてきたため，I児は，「いいよ，一緒にあげよう」と応じ，4人がそれぞれ，エサをやるのに，保育者Kにエサを均等に分けてもらい，エサをあげていた。

　G児がエサをあげるのが早かったため，H児は自分の持っていたエサをG児に「少し分けてあげるね」といいながら少し手渡した。それを見ていたI児とJ児も「あげるね」といいながらG児にエサを手渡し，G児は「ありがとう」といいながら，他の3人とエサをあげていた。4人ともエサをあげ終わると，一緒に飼育小屋から出てきたが，保育者Kが南京錠の鍵を手に取るほんの少しの間に，I児が「小屋のドアを一緒に押さえていよう。インコが逃げちゃうから…」と他の3人にいいながら，G児，H児，J児も「力を合わせて，押さえるぞ」と張り切って，一緒に協力して小屋のドアが開かないように押さえていた。

事例11-3の飼育当番の活動では，あくまでも総合的な指導が行われているため，「幼児が身近な環境に主体的に関わり，環境との関わり方や意味に気付き，これらを取り込もうとして，試行錯誤したり，考えたり」[7]というプロセスが含まれている。つまり子どもの主体的な活動を促し，幼児期にふさわしい生活が展開され，領域に示される「ねらい」が総合的に達成され，子ども一人一人の特性に応じた指導が行われているのである。

小学校においても，飼育当番が教育活動の一環として行われているが，子どもの発達の進み具合が幼児期と学童期では異なるため，飼育当番における学びのプロセスや飼育当番そのものの意味が全く異なることを実践者は理解することが必要である。

教育要領に記載されている領域「人間関係」の観点から考えると，「ねらい」にある「幼稚園生活を楽しみ，自分の力で行動することの充実感を味わう」「身近な人と親しみ，関わりを深め，工夫したり，協力したりして一緒に活動する楽しさを味わい，愛情や信頼感をもつ」「社会生活に望ましい習慣や態度を身に付ける」[8]といった点を意識し，子どもと関わっていきたい。また小学校における当番活動との質的内容の違い，すなわち，幼児期における保育の原則を意識することで小学校のカリキュラムとの連続性が活きはじめるだろう。

7) 文部科学省『幼稚園教育要領』（第1章第1），2017.

8) 文部科学省『幼稚園教育要領』（第2章人間関係 1），2017.

3　小学校との連携に向けて

（1）円滑な接続をするために何を考えたらよいか

子ども同士の関係のなかで，子どもたちは「A児と一緒にいると楽しいから，仲良くして，A児のそばに一緒にいたい」ということで，人間関係を築いていくのであるが，このようなことを「関係志向的」*2といい，以前の保育実践では人間関係形成の基本とされていた。

しかし，近年では，「協同性」や「協力」といった関係が取り上げられるようになり，特に，教育要領，保育指針や教育・保育要領に記されているように「幼児期の終わりまでに育ってほしい姿」の中の一つに「協同性」が示されており，幼児期の保育における，このような関係性は大きく着目されている。

上記における「協同性」とは「友達と関わる中で，互いの思いや考えなどを共有し，共通の目的の実現に向けて，考えたり，工夫したり，協力したりし，充実感をもってやり遂げるようになる」[9]ことをいう。

その関係性を「目標志向的」あるいは「課題志向的」という。今日の保育

＊2　どのようなことを目標にするのか，どのような課題に取り組むかよりも誰と一緒にいるかに関心が高いこと。

9) 文部科学省『幼稚園教育要領』〔第1章第2 3（3）〕，2017.

者，特に小学校に入学する前の5歳児に関わる保育者は，子どもの見方・考え方を「目標志向的」あるいは「課題志向的」にとらえていく必要がある。

　換言すれば，プロジェクト活動のような，子どもたちがグループを作り，共通となる目的や課題を共有し，試行錯誤しながらも自発的，主体的に活動するプロセスにおいて協同性のある人間関係が構築されていくのである。

　すなわち，「目標志向的」あるいは「課題志向的」な協同性を育むことが，今日の保育実践で求められていることの一つといえよう。このような協同性を育てることにより，小学校への就学に向けての円滑な接続を図ることができるのである。

（2）地域社会における子どもの充実した関係が小学校への円滑な接続へとつながる

　第3章（p.32〜）でも触れているように，就学前保育・教育施設が，地域にある多種多様な社会資源を活用できれば，豊かな人間関係をベースにした保育実践を展開することができる。

　あくまでも，小学校という教育機関も，その数ある地域の社会資源の一つであり，小学校の中の人間関係の枠組みだけでなく，ご近所の子ども同士の人間関係の枠組みがあったり，子ども会のような組織に属する子ども同士の人間関係の枠組みがあったりと，地域社会においては，多様な人間関係の枠組みが存在する。

　就学前保育・教育施設と小学校との連携をきっかけとした人間関係は，地域社会の多様な社会資源の人間関係の一つである。子どもたちを取り巻く多様な社会資源を通して，いろいろな人たちと関わることによって，関わりをもった人たちや地域社会に親しみをもつようになる。保育の質を高めるためには，多様な社会資源の人間関係と関わることが必要であるため，就学前保育・教育施設における人間関係を超えた広い視点でとらえていく必要がある。つまり，様々な地域資源との充実した関わりが，子どもを育み，ひいては小学校への円滑な接続につながっていく。

●演習課題

課題1：具体的な小学校との連携の事例を調べて，その事例が「地域に開かれた園という観点」と
「幼児期の教育と小学校教育の円滑な接続という観点」から，それぞれ考え，話し合おう。

課題2：「人間関係」についての保育者と小学校教諭との認識の隔たりについて，具体的事例をあ
げて考えてみよう。

課題3：領域「人間関係」と小学校との連携におけるカリキュラムに関わる課題をまとめて，話し
合おう。

コラム　「成長促進の方向へ働く」グループと人間関係

　仲間関係理論*によれば，幼児期後半から学童期にかけての子どもの仲間関係は，認知能力
や道徳性の芽生えを伸ばし，社会性の発達を促す，といわれている。子どもと関わる保育者
は，まず，このことを押さえておく必要があるだろう。子ども集団における人間関係は，グル
ープダイナミクス（集団力学）がきちんと機能し，良好な仲間関係が展開されることによって，
そのグループ内に生じた発達的変化や心理的成長を，ますます促すのである。これを「成長促
進の方向に働く」状況と呼ぶ。では，「成長促進の方向に働く」子ども集団というのは，どの
ような特徴があるのであろうか。幼児期後半から学童期の子どもたちは，ごっこ遊び等の象徴
遊びからリアリティのある遊びに変化する時期であり，さらに，子ども集団を舞台とした協力
関係や競争関係，組織的な要素が入った遊びに，だんだんと興味・関心が移る。グループ構成
メンバー同士で情動の交流が行われたり，メンバーである他者のことを理解しようとする。

　そのような仲間関係からは，相手に対しての伝え方や振る舞い等を体験を通して学ぶことが
でき，さらに，子ども集団における遊びは，その構成メンバー一人一人の創造性を豊かにする
方向へと成長を促してくれる。

　また，所属する子ども集団に許容的な雰囲気が存在すると，子ども同士の遊びを通して，
「ありのままの自分」でいることができることが許される。そして，「ありのままの自分」が表
現できるようになり，さらには，他者の「ありのままの自分」を目の当たりにすることで，少
しずつではあるが，他者の「ありのまま」を受け入れるようになり，構成メンバー一人一人の
成長が促進されていくのである。

＊　Grunebaum, H. & Solomon, L., Toward a peer theory of group psychotherapy: I. On the developmental
significance of peers and play, *International Journal of Group Psychotherapy*, 30, 1980, pp.23-49.

第12章 園で育む子どもの人間関係

子どもの育ちについて考えるとき，忘れるべきでないのは，子どもを取り巻く人間関係の大切さである。子どもは誕生すると，家庭や地域，就学前保育・教育施設（幼稚園，保育所，認定こども園をいう）等で身近な人と関わり合う。そして，子どもは身近な人との関わりに喜びを抱くことを土台として，さらに広い世界に目を向け，他者との関係を広げていく。しかし，現在，子どもの遊ぶ空間・時間・仲間（三間）の喪失が進み，人との関わりがどんどん希薄になっている。そのような中で就学前保育・教育施設が果たす役割は大きい。本章では，子どもが仲間と関わることに喜びを感じることができる園の可能性について考えていく。

1　子どもの身近な関係の貧困化

（1）家族における人間関係の貧困化

まずは子どもの身近な関係について確認しておこう。子どもは誕生して，まず関わりをもつのは，親やきょうだいといった家族である。かつてはここに，祖父母も含まれていたが，核家族化[*1]が進む現在，祖父母と会うのは，年に数回といったケースが増えている。また，お盆やお正月等，ハレ（特別な節目）の日に親戚が集まることで，子どもはおじ，おば，いとこと関わり合う。たまにしか会うことのない関係かもしれないが，子どもにとっては会う度に「大きくなったなあ」と言うおじさん，一緒に遊んでくれるいとこのお姉さんと過ごす特別な日となる。このように，子どもは最初に所属する家族や親戚の中で，人間関係を育む。

ところで，現代における少子化の進行[*2]は，家族における人間関係の貧困化をもたらしている。西野によると，1940年頃までは，きょうだい人数は平均

* 1　核家族

夫婦と未婚の子どもだけで構成される家族。核家族世帯（夫婦のみ，夫婦と未婚の子ども，父親，あるいは母親のどちらか一方と未婚の子ども）は，2016（平成28）年では全世帯数（4,995万世帯）のうち60.5％（3,023万世帯）を占める。

厚生労働省『国民生活基礎調査の概況』2017.

＊2　戦後の1947（昭和22）年〜1949（昭和24）年（第1次ベビーブーム期）における出生数は年間約270万人。この時から約25年経ち，第1次ベビーブーム世代が親となる1971（昭和46）年〜1974（昭和49）年（第2次ベビーブーム期）の出生数は約210万人。2015（平成27）年に生まれた子どもの数は約100万人である。つまり，戦後70年を経て，生まれてくる子どもの数が年間170万人も減っている。

1）藤見純子・西野理子編『現代日本人の家族：NFRJからみたその姿』有斐閣，2009，pp.26-30.

2）門脇厚司『新しい時代の教育社会学』ミネルヴァ書房，2012，p.31.

＊3　コミュニティは，「そこに住む人々の志向ないし意識と諸活動の様態」を指す。
　門脇厚司『新しい時代の教育社会学』ミネルヴァ書房，2012，p.31.

5人だが，1960年代以降に生まれた人のきょうだい人数は平均2.5人である[1]。1990年代に入ると，さらにきょうだいの数は減り，一人っ子が増えてくる。例えば，きょうだい人数が5人であれば，兄や姉がいたり，妹や弟がいたりして，きょうだい構成が幅広くなる。しかし，きょうだい人数が2人もしくは一人っ子になると，きょうだい構成が単純化・画一化される。親世代からすでにきょうだい数が少なければ，おじやおば，いとこの数も減ることになる。こうして，家族や親戚の中で子どもが関わり合う人の数が減っているのである。

（2）地域社会におけるコミュニティ機能の喪失

　次に，地域社会に目を向けてみよう。地域社会とは，「人々がそこに住み暮らしている一定の居住空間」[2]のことである。その居住空間には，住宅，学校，図書館，公園，病院等の生活関連施設があり，人々はそれらを共同利用しながら生活している。子どもは地域社会の中で，家族や親族以外の他者と出会うこととなる。

　住民が自分の住む地域に愛着を持ち，みんなで協力しながら，よき地域づくりを目指して活動している状態を，「コミュニティが機能している」＊3という。例えば，親に用事ができたときには子どもをお隣さんに預け，買い物の途中で顔なじみの人に会えば挨拶を交わし，子どもが悪さをしたら近所のおじさんに怒られる。このように，地域社会のコミュニティが機能していれば，子どもは地域社会の中で多様な他者と自然に出会い，関わり合うことが可能となる。

　ところが，すべての地域社会が必ずしもコミュニティとして機能しているわけではない。近年では，地域をよくするための活動を地域住人が共同して取り組むことが少なくなった。地域社会によっては，すれ違う人と挨拶することもなければ，隣の住人の顔すら知らないという事態が起こっている。大人同士の関わりがなくなれば，当然，子どもが近所の人と関わる機会も減っていく。つまり，地域におけるコミュニティ機能の喪失に伴い，子どもが地域社会の中で多様な人間関係を育む機会が失われているのである。

（3）遊ぶ空間・時間・仲間という三つの「間」の喪失

　さらに深刻なのは，地域社会におけるコミュニティ機能の喪失に伴い，子どもが群れて遊ぶ空間も失われつつあることだ。かつての日本は，年齢も性別も異なる子ども同士が，空き地や路地等に集まり，夕暮れ時まで遊んでいた。しかし都市化の進行によって，空き地にはビルや住宅が建ち並び，道路は舗装されて自動車の交通量が増えていった。こうして，地域から子どもの遊び場が失われていったのである。

　失われていったものは，子どもの遊ぶ空間だけではない。塾や習い事，スポーツ教室に通う子どもが増えたこと，また最近では，保護者の就労の関係で子どもが就学前保育・教育施設で過ごす時間が長くなったことにより，施設以外の場で，子どもが友だちと遊ぶ時間を確保することが難しくなった。遊ぶ空間と時間の減少が，遊び仲間の形成をも困難にし，友だち関係が貧弱化していく。現代は，子どもの遊ぶ空間・時間・仲間という三つの「間」が減少しており，このような社会状況のことを「三つの間（サンマ）の喪失」という。

❷　仲間と共に創り出す虚構世界

（1）ごっこ遊びにおける人間関係

1）就学前保育・教育施設におけるままごと遊びの喪失

　少子化によるきょうだい人数の減少，地域社会におけるコミュニティ機能と三つの「間」の喪失は，子どもが生活や遊びの中で人と関わるすべを学ぶ機会の減少を意味する。そこで，これまで以上に，就学前保育・教育施設が三つの「間」を保障していくことが期待される。最近では，多くの就学前保育・教育施設で，高齢者や幼保小連携による小学生との交流を積極的に行ったり，中高生の職業体験を受け入れたりしており，子どもが多様な他者と出会う機会を作っている。

　しかし，就学前保育・教育施設は，ただ物理的に人や場所を用意すればよいのではない。子どもが仲間と過ごす空間と時間の質が重要である。では，空間と時間においてどのような質が求められているのか。ここで紹介するZ幼稚園のM園長の話は興味深い。

> **事例12－1　M園長の話**
>
> 　最近，子どもたちがままごとをやらなくなったように思います。まったくやらないわけではないんだけど，ちょっとやるだけで，長く続かないんです。自由遊びの時間は，ままごとより，例えば縄跳びなんかがメインのような気がします。子どもが縄跳びで跳んでいるのを，先生が「いーち，にーい，さーん」って数えたり，「がんばれ，がんばれ」って応援したり。そして先生が「10回も跳べたね」って子どもをほめて。ままごとでは，応援もなければ子どもを直接ほめることもないものね。遊びのなかでも成果が求められているのかな。けど，ままごとには，子どもがお母さん役とかお姉さん役とかの役になりきって友だちと関わる，という面白さがあるんです。じっくりままごとをやれば，その遊び方もどんどん変わっていくし。先生なんかもままごとに入れてもらって，お茶を飲んだりして，ゆったりとした時間が流れていたんだけど。縄跳びは個人

個人で縄を跳ぶから，ままごとほど友だち同士の関わりはないんじゃないかな。

　　M園長は，成果が求められる遊びが増え，ままごと遊びのような伝統的な遊びの喪失に疑問を抱いている。ここではM園長の，ままごとには「役になりきって友だちと関わる面白さがある」という指摘に注目し，人間関係におけるごっこ遊びの意味について考えてみよう。

2）ごっこ遊びで「なりきる」ということ

　　子どもはごっこ遊びのなかで，様々な人物に「なる」。例えば，子どもは母親になったり，お姉さんになったり，赤ちゃんになったりする。そして，母親役の子どもがお姉さん役の子どもに対して，「早く宿題をやっちゃいなさい」と，口調やアクセントまでかなりのリアリティをともなって自分の母親を再現する。それは単に，母親役の子どもが，母親を模倣するだけではない。子どもは，「実際の母親の姉に対する想い」までもごっこ遊びで再現しているのである。つまり，子どもは母親に「なりきっている」[3]のである。

　　そう考えると，子どもがごっこ遊びを続けるには，子ども自身が日頃から他者と深く関わり合っていることが必要である。子ども自身が，「なる」人物の特徴的な言動とその人物の想いまでを知っていなければ，「なりきる」ことができないからである。少子化によるきょうだい数の減少，親子が共に過ごす時間の変容，地域の人との関わりの減少といった子どもを取り巻く人間関係の貧困化は，ごっこ遊びを困難にしている。

3）仲間と共にルール・境界・関係を創り出す

　　また，ごっこ遊びには，ごっこ遊びを一緒にする仲間が必要となる。子どもは「ここが玄関ね」，「これお布団ね」といったようにごっこ遊びを成り立たせるルールや「ここまでがお風呂ね」といった境界を，仲間と創り出し，共有し合っていく。さらに，その遊びに新たな参入者が来たら，「ここが玄関だよ」とルールや境界を参入者に伝達することによって，子どもは遊び仲間を増やしていく[*4]。こうして，ごっこ遊びに参加している子どもたちが，自在にルールや境界を創造するといった共同作業を通して，虚構の世界が創られていく。そして，その虚構の世界において，それぞれの子どもが何者かに「なりきって」関わり合う面白さの中で，新たな関係が創り出されるのである。

3）　中田基昭『子どもから学ぶ教育学―乳幼児の豊かな感受性をめぐって』東京大学出版会，2014，p.241.

*4　ある実習生が実習日誌に「ステージ上に足を広げて座り，Hくん（5歳児）が考えたボール転がしゲームで遊ぶ。初めは実習生含めて3人だったが，最後には7人まで増えた。ルールでわからないことがあると，みんなHくんに聞いて遊びを楽しんでいた。子どもは友だちが考えた遊びに興味をもつのだと思う」と記録していた。ごっこ遊びに限らず，こうしたボール転がしゲーム等においても，仲間とルールを創り出し共有するといった共同作業を通じて遊びが展開され，遊び仲間が増えていく。

（2）絵本に見る虚構世界の特性

　では，絵本『わんぱくだんのかくれんぼ』⁴⁾ を通して，仲間との共同作業によって創り出される虚構世界における空間と時間の特性について理解しておこう。

　絵本『わんぱくだんのかくれんぼ』は，３人の子どもが公園でかくれんぼをするなかで，「もっと　ひろい　ところで　かくれんぼ　したいな」，「もりでかくれんぼが　してみたいなあ」と話しているうちに，公園が森になり，森の動物たちとかくれんぼをするというお話である。森の中で，３人の子どもがしかやうさぎ，くまを見つけていく。今度は動物たちが鬼になり，子どもが隠れる番になる。子どもが隠れていると，突然，「くみちゃーん」とだれかの声が聞こえてくる。お母さんが迎えに来たのだ。すると，森は一瞬で公園に戻る。すでに夕暮れ時。お母さんが「みんな　へんな　かっこうして　どうしたの？」と笑うのだが，そこに描かれているのは，シーソーの下やベンチの後ろ，ジャングルジムに隠れている３人の子どもの姿である。

　この絵本のように誰もが，公園が森や海になり，すべり台が山や船になったという経験があるのではないだろうか。例えば，子どもが船（＝すべり台）の上で，船長になりきり，両手で双眼鏡を作って周囲を見渡しながら，「おーい，サメがくるぞー。みんな船に避難しろー」と叫んだとき，他の子どもが慌ててすべり台やブランコに避難することで，この虚構世界にはどんどん彩（いろどり）が与えられ，子どもは喜びに満ち溢れてくる。

　このように，子どもが夢中になって遊ぶとき，その空間は，「物理的には現実の空間内にあっても，遊びの世界としては，現実の空間から切り離され，神聖な場となっている」⁵⁾（傍点筆者）。園庭，砂場，保育室，そして廊下ですら，子どもが遊び始めた瞬間，いつもの生活の場とは異なる特別な空間になるのだ。同時に，ブランコやジャングルジム，カーテン，棚，椅子等の遊具や家具が，船や怪獣，大きな木になる。

　現実から切り離されるのは空間だけでない。遊んでいる時間もまた，現実から切り離され，「凝縮された現在として，遊びに独特の時間感覚によって色濃く彩られる」⁶⁾（傍点筆者）のである。例えば，お母さんが呼びに来たときにようやく周りが暗くなりかけていることに気付いたり，ふと顔を上げて周りを見渡すと周囲の音が急に聞こえ始めたりすることがあるが，これは遊びの世界が現実の空間と時間から切り離されている証である^{＊5}。

4）　ゆきのゆみこ・上野与志 作，末崎茂樹 絵『わんぱくだんのかくれんぼ』ひさかたチャイルド，1990，p.9．

5）　中田基昭『子どもから学ぶ教育学—乳幼児の豊かな感受性をめぐって』東京大学出版会，2014，p.224．

6）　前掲書5），p.229．

＊5　子どもが虚構世界を創り上げ，虚構世界の中で夢中になって遊ぶ姿を描いた絵本がある。例えばモーリス センダック 作，じんぐうてるお 訳『かいじゅうたちのいるところ』冨山房，1975や松岡享子 作，林明子 絵『おふろだいすき』福音館書店，1982がある。
　子どもの頃はとても広く感じた園庭が，大人になって再訪した時にそうでもなかったということはよくある。これは単に，大人になって体が大きくなったという理由だけではないだろう。子どもの頃，その園庭は単なる園庭ではなく，森や大海原になっていたからだ。

3　園における虚構世界

（1）落ち葉の「花火大会」

　ここで，Y幼稚園の事例「花火大会が始まりますよ」をみてみよう。一人の子どもの一声を合図に，山積みになった落ち葉を空高く舞い上げた子どもたち（花火師）と，それを見ていた子どもたち（観客）によって，いつも遊んでいる裏山が，見る見る間に花火大会の会場となり，「花火大会」という虚構の世界が創り上げられた事例である。

事例12−2　花火大会が始まりますよ　年中児1組25名と2組26名

　11月の秋晴れのなか，園の裏山で，年中児が思い思いに遊んでいる。裏山には，落ち葉が山積みになっている「葉っぱのプール」がある。

　年中1組の子ども4人が，葉っぱのプールで落ち葉を「わー！」と舞い上げて遊んでいた。A保育者が「すごーい」と声をかけたところ，子どもたちから「花火みたいだね」という言葉が出てきた。

　すると，突然，4人のうちの1人であるB児が「これから花火大会がはじまりますよー」と叫んだ。すると他の3名の子どもも「花火ですよー」と両手

写真12−1　葉っぱのプールで遊ぶ
写真提供　上田女子短期大学附属幼稚園

を口にあてて叫びはじめた。それを聞いた担任のA保育者が，「花火だって，花火だって」と言いながらその場に座った。あちこちで遊んでいた同じクラスの子どもも集まってきた。

　そこへ，裏山で遊んでいた年中2組の子どもとC保育者が，昼食のために保育室に戻ろうとしてその場を通りかかった。C保育者が，「花火だって」と言って立ち止まり，その一団もその場に座った。気が付けば，花火を打ち上げようとしている花火師が8名に増えていた。観客もずいぶん増えた。ところがどうしたことか，花火師の子どもたちは「花火ですよ」と叫ぶことを止めて，周囲をうかがいながらゆっくり歩き始めた。落ち葉を拾い集めている花火師もいる。花火はなかなか打ち上げられない中で，観客は待っている。

　こうして時間が流れていった。ようやく花火師の子どもたちが1人，また1人と山積みの落ち葉の向こう側に座りはじめた。「いよいよかな」と観客側は落ち葉の山に注目した。少しの間があった。そこへ，突然，1人の花火師が両手いっぱいの落ち葉を空高く舞い上げた。続いて，他の子どもたちも上へ上へと落ち葉を舞い上げた。その瞬間，観客側の子どもたちと保育者から，「うわぁー」という歓声と拍手があがった。

写真12－2　山積みの落ち葉の向こう側に座り始める
写真提供　上田女子短期大学附属幼稚園

写真12－3　落ち葉を元気よく，空高く舞い上げる
写真提供　上田女子短期大学附属幼稚園

●演習課題

課題1：花火師の子どもは，なぜ，すぐに花火を打ち上げなかったのだろうか。花火がなかなか打ち上げられない中で，観客の子どもたちは，なぜ，「待っていた」のだろうか。思いつくかぎり，理由をあげてみよう。

（2）花火師役と観客役における期待の共有

　まず，空間と時間の観点からこの事例をみてみよう。B児が「これから花火大会が始まりますよー」と叫んだことをきっかけに，他の3名の子どもも「花火ですよー」と叫び始めた[*6]。この瞬間，B児と3名の子どもは，「花火師になった」といえる。そして，周囲にいた子どもたちがその場に座って「観客になった」ことで，いつもの裏山が現実の空間と時間から切り離されて，「花火大会の会場になった」のである。

　さて，花火はなかなか打ち上げられない。ただ時間が流れていくなかで，観客側は，花火が打ち上げられるのをじっと待っている。花火が打ち上がるまで，一体どのくらい待っただろうか。10分は待ったのではないかと思われる。この10分間は，特に何か大きな動きがあったわけではない。それにもかかわらず，観客は，途中で立ち上がることもなく待っていた。なぜ，飽きることもなく，待つことができたのだろうか。

　鷲田清一は，経済性，効率性重視の現代社会では待たなくてよい社会，待つことができない社会になったが，「〈待つ〉ことには「期待」や「希（ねが）い」や「祈り」が内包されている」[7]と論じている。よく考えると，実際の花火大会にも，花火が打ち上がるまで待つ時間がある。花火大会は，「打ち上げられる花火を期待して待つ」という時間をひっくるめて「花火大会」なのであ

*6　A児の「これから花火大会が始まりますよー」という一声に，他の3名が「花火ですよー」と応えることができたのは，すでにA児たちは落ち葉を舞い上げて遊ぶことにより，「花火」のイメージを共有していたからだろう。

7）鷲田清一『「待つ」ということ』角川選書，2006，p.16.

る。事例「花火大会」の待ち時間は，花火師と観客が，期待を共有し，気持ちを高めていく時間だったのだ。花火師と観客の子どもが共に「花火大会の会場」を創り上げたことで，喜びに満ちた歓声と拍手が響き渡る「花火大会」となったのだ。

　もし，この時，保育者のほうが待ち切れずに「早くやってくれないかな」と時間を気にしてしまったらどうなるか。このような焦りは子どもたちに伝わり，花火師も観客も一気に現実の世界へと引き戻される。花火は不発に終わったか，打ち上げられたとしても盛り上がらず，仲間との歓喜に包まれることもなかっただろう。

（3）仲間と「花火大会」を創り上げる喜び

　次に，子ども同士の関わり合いに焦点を当ててみよう。まず花火師の子どもの関係だが，花火師には落ち葉を集めている子どもと，歩きながら周囲の様子をうかがっている子どもがいた。そして，いよいよ始まるかなという所で，さらに少しの間があった。この時の様子について，後日，A保育者は，「落ち葉を集めていた子どもには，『葉っぱをたくさん集めて，もっと大きい花火にしたい』という思いがあったのではないか。また，周辺を歩いている子どもは『打ち上げるための葉っぱはもう十分集まった』と思いながらも，葉っぱを集めている友だちの姿をうかがっていたことから『友だちはまだ集めたいんだな』と友だちの思いを受け止めていたのかもしれない」と話してくれた。

　A保育者の話から次のことがみえてくる。花火師の子どもたちは，「いつ，花火を打ち上げるか」という打ち合わせをしていない。それにもかかわらず，打ち上げのタイミングはしっかり合っていた。つまり，花火師の子ども8名は，打ち上げるまでの間，お互いに仲間の動きを見合い，仲間の動きに合わせながら，花火打ち上げのタイミングを探り合っていたということである。ちなみに，花火は，打ち上げてしまえば一瞬にして終わる。だからこそ，打ち上げのタイミングは重要である。もし，仲間の動きを見ずに，誰かが先に（フライングして）打ち上げてしまったら，この遊びの面白さは失われていたはずである。

　次に，花火師と観客の関係をみていこう。一瞬にして終わる打ち上げ花火は，花火が打ち上げられるまでの待ち時間が長すぎても，短すぎても，つまらないものになってしまう。しかし，この事例では，花火師と観客双方の「共有された期待とその実現，緊張の高まりとその解消」[8]，つまり花火師が「もう少し，もう少し」とはぐらかし，観客が「今か，今か」と待ち構える。この「もう少し，もう少し」「今か，今か」というかけ引き（緊張関係）が，躍動感

8）　西村清和『遊びの現象学』勁草書房，1989，p.37.

に満ち溢れた虚構の世界を構築しているのである。その場に居合わせた子ども
たちの期待と緊張が臨界に達したからこそ，花火が打ち上げられた瞬間，「う
わぁー」という歓声と拍手が起き，「みんな（＝仲間）で花火をみた」のであ
る。

　この「花火大会」のような虚構の世界は，1人では生み出すことはできな
い。仲間と一緒に虚構の世界を創り上げる体験こそ，人と関わることの喜びへ
とつながるのだ。

4　人間関係を育む就学前保育・教育施設の役割

　現代社会において，就学前保育・教育施設では他のどのような場所よりも，
子どもが仲間と共に思う存分遊び，ぶつかり合い，遊びを創造していくことが
できる。就学前保育・教育施設には，子どもが虚構世界に思い切り浸ることが
できる空間と時間を保障する機能があるからだ。例えば，「花火大会」の事例
でみたように，誰にも邪魔されずに「花火大会」を成功させることができたの
は，Ａ保育者が子どもたちと一緒に観客としてじっくり待ち，時間を保障して
いたからだ*7。

　子どもは，豊かな空間と時間のなかで，仲間と虚構世界を構築することを通
して，仲間の声に耳を傾け，仲間とイメージを共有し，次から次へと新しい遊
びや世界を創造する。仲間と世界を創造することの喜びが，さらにいっそう多
様な他者と関わりたい気持ちを育み，広い世界に目を向けることになる。だか
らこそ，人生の初期における仲間との関わり合いや，仲間と一緒に創り上げる
という経験は，子どもの育ちや学びにとって何ものにも代えがたいほど貴重で
ある。これからの就学前教育・保育施設は，子どもが仲間と共に，生き生きと
遊び込み，自由に虚構世界を創造できる空間・時間を保障することが大切だろ
う。

● 演習問題

課題2：子どもの虚構世界を描いた絵本を探してみよう。その絵本に描かれている虚構世界につい
　　　　て話し合ってみよう。また，その絵本に大人が登場していたら，大人はどのように描かれ
　　　　ているかを探ってみよう。

課題3：自分の子ども時代に，友だちとどんな遊びをしたか思い出してみよう。その遊びにおける
　　　　空間と時間の特性，そして仲間と創ったルールについて話し合ってみよう。

課題4：子どもが仲間と虚構世界を創造する際の保育者の配慮について考えてみよう。

*7　就学前保育・教育施設にある機能とは，時間と空間の保障だけではない。Ａ保育者は「花火大会」の時間を保障すると同時に，花火師や観客の子どもたちと共に観客として待っていたように，保育者の『共に』という中で見る「横並びのまなざし」（佐伯，p.26）も重要である。佐伯は，子どもを「見る」というとき，そこには「観察するまなざし」，「向かい合うまなざし」，「横並びのまなざし」の三種類があると論じた上で，「あなたが見ている世界を，『一緒に見ましょう，共に喜び，共に悲しみましょう』」と関わる「横並びのまなざし」を提案している（佐伯，pp.25-26）。

　佐伯　胖編『共感―育ち合う保育のなかで』ミネルヴァ書房，2007，pp.25-26.

コラム　保育におけるメディア

　保育の文脈で「メディア」という言葉が使われるのは，主にメディア批判の場合と，メディア利用の場合がある[*1]。前者は，テレビや電子ゲーム等のメディアが子どもに与える影響を問題にするもので，後者は保育現場にOHPやコンピューターといったメディアを取り入れ，教育的な効果を高めようとするケースである。いずれの場合も，メディアは受け取る者になんらかのメッセージを運ぶ道具のようなものとして理解されている。

　もともとメディアに対応するラテン語 medium は，「中間にあるもの」という意味で使用され，作用者と被作用者を結びつける道具や手段を意味していた[*2]。そこでメディアを，矢野智司がいうように，「人が経験や体験をするさい，媒介となってそのメディアに固有の自己と世界への通路を開いていく，『もの』や『こと』」[*3]として理解してみたい。すると，絵本，砂場，ブランコ，草花，動物，遊び等が子どもにとって重要なメディアであることがみえてくる。

　例えば，1歳前後の子どもが大人とモノのやりとりをする場面を想像してみよう。大人が子どもに「ちょうだい」と言って手を差し出すと，子どもは持っているモノを大人に渡す。大人は「ありがとう」と笑顔で応え，受け取ったモノを「はい，どうぞ」と言って子どもに差し出す。今度は子どもが，（「ありがとう」と言葉で言う代わりに），膝を折って前かがみになったり，頭をコクンと下げたりしながら大人からモノを受け取る。このようなやりとりのなかで，大人は子どもの様子をよく見てタイミングを計り，語りかけたり，手を差し出したりする。子どももまた，大人の語りかけに独自の仕方で応答する。つまり，このようなモノ＝メディアのやりとりを通して，他者理解が進み，関係が生まれるのである。

　鬼ごっこといった遊びも，子ども同士の「中間にあるもの」という意味でメディアといえる。子どもは鬼ごっこを通して友だちの動きをよく見て，友だちに合わせてダッシュし，はやし立て，おかしな歩き方をしては，友だちに応答していく。また鬼ごっこの面白さは，「こうしたらタッチしちゃダメなんだよ！」といったように，その時の状況やメンバーによって，自在にルールが変更・創造されていくことである。つまり，鬼ごっこというメディアを介することで，その仲間独自の世界が開かれ，関係が創り出されるのである。

　そう考えると，子どもにとってのメディアは，子どもの五感全体を使い，他者理解に開かれ，ルールを自由自在に変更でき，創造的・応答的であり，関係を創り出すものである。

　電子ゲームはルールを自在に変えることができない。また，友だちと電子ゲームをしているとき，それぞれが注目しているのは友だちではなく電子ゲームの画面である。そのため，電子ゲームは他者理解，そして世界に開かれたメディアであるとは言い難い。保育に電子メディアがなじみにくいのは，このような理由からだろう。

　＊1　田中智志・今井康雄編『キーワード現代の教育学』東京大学出版会，2009，pp.64-65.
　＊2　教育思想史学会編『教育思想事典』勁草書房，2000，p.671.
　＊3　矢野智司『幼児理解の現象学—メディアが開く子どもの生命世界』萌文書林，2014，p.7.

あとがき

2016（平成28）年11月，建帛社の会議室に，本書の執筆者が集まり，担当編集者（黒田氏）と共に編集会議が開かれました。執筆者それぞれは，編者2名のうちどちらかの知り合いではありましたが，お互いに初対面という関係でした。けれど，会議はすぐに盛り上がり，本書の大きなテーマである保育における「人間関係」への思いを熱く語り合いました。編集会議は4時間ほどでしたが，休憩を取るのも忘れ，あっという間に終了の時刻になっていました。

さて，この編集会議では，本書が目指すべき方向性とそれぞれの章に盛り込む内容を確認し合いましたが，その際，保育者養成課程に学ぶ学生にまつわる話題が2点あがりました。

1点目は，「学生が子どもをとらえる視点が規範的すぎる傾向がある」ということです。例えば，保育現場での出来事について，「（子どもが）悪いことをしたら『ごめんなさい』と謝らなければならない」，「ものを投げてはいけない」，あるいは「子どもが悪いことをしたら叱ることのできる保育者になりたい」等，ある一定の枠組みから外れた子どもの言動に対して，「学生の見方は厳しいな」と感じることがあります（学生もそのようなまなざしのなかで教育を受けてきたのかもしれません）。だからこそ，温かいまなざしで子どもや保育現場を見ることができるように，「子どもや保育は面白い！」ということが伝わるテキストを目指そうということになりました。

2点目は，「保育者を目指す学生自身の人との関わり」についてです。例えば，「私，人見知りなんです」と言ってくる学生がたまにいます。また，実習後の園からの評価に，「初めは緊張していたようで，どのように子どもと関わればよいか戸惑っていました」と記載されているケースがあります。保育者は，子ども，保護者，同僚，地域の人等，多様な人と関わりをもたなければならないのですから，最近の学生の人との関わりについて心配するところもあります。人見知りでも，緊張していても，それを見せることなく人と関わることが保育者には必要です。

さらに，このテキストを読まれる学生の皆さんには，保育者として，子どもたちの人と関わる力を育むために，まず自分自身が人と関わることの面白さを感じ，人と関わることで新しい世界が拓かれていくことを知ってほしいと思います。先の編集会議では，初対面でも話が盛り上がったと書きましたが，意見を言い合う場面では，自分の意見に対して他の人から異なる意見をもらうこともあります。けれど，そういう問答があってこそ，自分の意見も人との関係も深まるのです。ぜひ，様々な人と，自分自身の思いや考えを語り合ってください。そして，様々な人の思いにふれてくださ

い。そんな願いを込めて本書は書かれています。

　さて，本書は，実に様々な人が関わってできたテキストです。一つ一つの事例には，執筆者に加え，事例に登場する子ども，その事例を提供してくださった保育者や保護者，学生等が関わっています。多くの人の思いがこのテキストに詰め込まれているのだな，と思うと，改めて事例を丁寧に読んでいきたい思いに駆られます。先日は共編者の岸井慶子先生に「本書の読書会を開きましょうか」と提案していただきました。ぜひとも実現させたいと願っているところです。

　保育者を目指す学生や保育者の方々にも，事例の登場人物の思いを想像しながらテキストを読み進めていただけると幸いです。

編者　酒井真由子

幼稚園教育要領（平成29年告示）

人間関係〔他の人々と親しみ，支え合って生活するために，自立心を育て，人と関わる力を養う。〕

1　ねらい

(1)　幼稚園生活を楽しみ，自分の力で行動することの充実感を味わう。

(2)　身近な人と親しみ，関わりを深め，工夫したり，協力したりして一緒に活動する楽しさを味わい，愛情や信頼感をもつ。

(3)　社会生活における望ましい習慣や態度を身に付ける。

2　内　容

(1)　先生や友達と共に過ごすことの喜びを味わう。

(2)　自分で考え，自分で行動する。

(3)　自分でできることは自分でする。

(4)　いろいろな遊びを楽しみながら物事をやり遂げようとする気持ちをもつ。

(5)　友達と積極的に関わりながら喜びや悲しみを共感し合う。

(6)　自分の思ったことを相手に伝え，相手の思っていることに気付く。

(7)　友達のよさに気付き，一緒に活動する楽しさを味わう。

(8)　友達と楽しく活動する中で，共通の目的を見いだし，工夫したり，協力したりなどする。

(9)　よいことや悪いことがあることに気付き，考えながら行動する。

(10)　友達との関わりを深め，思いやりをもつ。

(11)　友達と楽しく生活する中できまりの大切さに気付き，守ろうとする。

(12)　共同の遊具や用具を大切にし，皆で使う。

(13)　高齢者をはじめ地域の人々などの自分の生活に関係の深いいろいろな人に親しみをもつ。

3　内容の取扱い

上記の取扱いに当たっては，次の事項に留意する必要がある。

(1)　教師との信頼関係に支えられて自分自身の生活を確立していくことが人と関わる基盤となることを考慮し，幼児が自ら周囲に働き掛けることにより多様な感情を体験し，試行錯誤しながら諦めずにやり遂げることの達成感や，前向きな見通しをもって自分の力で行うことの充実感を味わうことができるよう，幼児の行動を見守りながら適切な援助を行うようにすること。

(2)　一人一人を生かした集団を形成しながら人と関わる力を育てていくようにすること。その際，集団の生活の中で，幼児が自己を発揮し，教師や他の幼児に認められる体験をし，自分のよさや特徴に気付き，自信をもって行動できるようにすること。

(3)　幼児が互いに関わりを深め，協同して遊ぶようになるため，自ら行動する力を育てるようにするとともに，他の幼児と試行錯誤しながら活動を展開する楽しさや共通の目的が実現する喜びを味わうことができるようにすること。

(4)　道徳性の芽生えを培うに当たっては，基本的な生活習慣の形成を図るとともに，幼児が他の幼児との関わりの中で他人の存在に気付き，相手を尊重する気持ちをもって行動できるようにし，また，自然や身近な動植物に親しむことなどを通して豊かな心情が育つようにすること。特に，人に対する信頼感や思いやりの気持ちは，葛藤やつまずきをも体験し，それらを乗り越えることにより次第に芽生えてくることに配慮すること。

(5)　集団の生活を通して，幼児が人との関わりを深め，規範意識の芽生えが培われることを考慮し，幼児が教師との信頼関係に支えられて自己を発揮する中で，互いに思いを主張し，折り合いを付ける体験をし，きまりの必要性などに気付き，自分の気持ちを調整する力が育つようにすること。

(6)　高齢者をはじめ地域の人々などの自分の生活に関係の深いいろいろな人と触れ合い，自分の感情や意志を表現しながら共に楽しみ，共感し合う体験を通して，これらの人々などに親しみをもち，

人と関わることの楽しさや人の役に立つ喜びを味わうことができるようにすること。また，生活を通して親や祖父母などの家族の愛情に気付き，家族を大切にしようとする気持ちが育つようにすること。

保育所保育指針（平成29年告示）

1　乳児保育に関わるねらい及び内容

イ　身近な人と気持ちが通じ合う

受容的・応答的な関わりの下で，何かを伝えようとする意欲や身近な大人との信頼関係を育て，人と関わる力の基盤を培う。

（ア）ねらい

① 安心できる関係の下で，身近な人と共に過ごす喜びを感じる。

② 体の動きや表情，発声等により，保育士等と気持ちを通わせようとする。

③ 身近な人と親しみ，関わりを深め，愛情や信頼感が芽生える。

（イ）内容

① 子どもからの働きかけを踏まえた，応答的な触れ合いや言葉がけによって，欲求が満たされ，安定感をもって過ごす。

② 体の動きや表情，発声，喃語等を優しく受け止めてもらい，保育士等とのやり取りを楽しむ。

③ 生活や遊びの中で，自分の身近な人の存在に気付き，親しみの気持ちを表す。

④ 保育士等による語りかけや歌いかけ，発声や喃語等への応答を通じて，言葉の理解や発語の意欲が育つ。

⑤ 温かく，受容的な関わりを通じて，自分を肯定する気持ちが芽生える。

（ウ）内容の取扱い

上記の取扱いに当たっては，次の事項に留意する必要がある。

① 保育士等との信頼関係に支えられて生活を確立していくことが人と関わる基盤となることを考慮して，子どもの多様な感情を受け止め，温かく受容的・応答的に関わり，一人一人に応じた適切な援助を行うようにすること。

② 身近な人に親しみをもって接し，自分の感情などを表し，それに相手が応答する言葉を聞くことを通して，次第に言葉が獲得されていくことを考慮して，楽しい雰囲気の中での保育士等との関わ

り合いを大切にし，ゆっくりと優しく話しかけるなど，積極的に言葉のやり取りを楽しむことができるようにすること。

2　1歳以上3歳未満児の保育に関わるねらい及び内容

イ　人間関係

他の人々と親しみ，支え合って生活するために，自立心を育て，人と関わる力を養う。

（ア）ねらい

① 保育所での生活を楽しみ，身近な人と関わる心地よさを感じる。

② 周囲の子ども等への興味や関心が高まり，関わりをもとうとする。

③ 保育所の生活の仕方に慣れ，きまりの大切さに気付く。

（イ）内容

① 保育士等や周囲の子ども等との安定した関係の中で，共に過ごす心地よさを感じる。

② 保育士等の受容的・応答的な関わりの中で，欲求を適切に満たし，安定感をもって過ごす。

③ 身の回りに様々な人がいることに気付き，徐々に他の子どもと関わりをもって遊ぶ。

④ 保育士等の仲立ちにより，他の子どもとの関わりを少しずつ身につける。

⑤ 保育所の生活の仕方に慣れ，きまりがあることや，その大切さに気付く。

⑥ 生活や遊びの中で，年長児や保育士等の真似をしたり，ごっこ遊びを楽しんだりする。

（ウ）内容の取扱い

上記の取扱いに当たっては，次の事項に留意する必要がある。

① 保育士等との信頼関係に支えられて生活を確立するとともに，自分で何かをしようとする気持ちが旺盛になる時期であることに鑑み，そのような気持ちを尊重し，温かく見守るとともに，愛情豊かに，応答的に関わり，適切な援助を行うようにすること。

② 思い通りにいかない場合等の子どもの不安定な感情の表出については，保育士等が受容的に受け止めるとともに，そうした気持ちから立ち直る経験や感情をコントロールすることへの気付き等につなげていけるように援助すること。

③ この時期は自己と他者との違いの認識がまだ十分でないことから，子どもの自我の育ちを見守る

とともに，保育士等が仲立ちとなって，自分の気
持ちを相手に伝えることや相手の気持ちに気付く
ことの大切さなど，友達の気持ちや友達との関わ
り方を丁寧に伝えていくこと。

3　3歳以上児の保育に関するねらい及び内容

イ　人間関係

他の人々と親しみ，支え合って生活するために，自
立心を育て，人と関わる力を養う。

（ア）　ねらい

①　保育所の生活を楽しみ，自分の力で行動するこ
との充実感を味わう。

②　身近な人と親しみ，関わりを深め，工夫した
り，協力したりして一緒に活動する楽しさを味わ
い，愛情や信頼感をもつ。

③　社会生活における望ましい習慣や態度を身に付
ける。

（イ）　内　容

①　保育士等や友達と共に過ごすことの喜びを味わ
う。

②　自分で考え，自分で行動する。

③　自分でできることは自分でする。

④　いろいろな遊びを楽しみながら物事をやり遂げ
ようとする気持ちをもつ。

⑤　友達と積極的に関わりながら喜びや悲しみを共
感し合う。

⑥　自分の思ったことを相手に伝え，相手の思って
いることに気付く。

⑦　友達のよさに気付き，一緒に活動する楽しさを
味わう。

⑧　友達と楽しく活動する中で，共通の目的を見い
だし，工夫したり，協力したりなどする。

⑨　よいことや悪いことがあることに気付き，考え
ながら行動する。

⑩　友達との関わりを深め，思いやりをもつ。

⑪　友達と楽しく生活する中できまりの大切さに気
付き，守ろうとする。

⑫　共同の遊具や用具を大切にし，皆で使う。

⑬　高齢者をはじめ地域の人々などの自分の生活に
関係の深いいろいろな人に親しみをもつ。

（ウ）　内容の取扱い

上記の取扱いに当たっては，次の事項に留意する必
要がある。

①　保育士等との信頼関係に支えられて自分自身の
生活を確立していくことが人と関わる基盤となる

ことを考慮し，子どもが自ら周囲に働き掛けるこ
とにより多様な感情を体験し，試行錯誤しながら
諦めずにやり遂げることの達成感や，前向きな見
通しをもって自分の力で行うことの充実感を味わ
うことができるよう，子どもの行動を見守りなが
ら適切な援助を行うようにすること。

②　一人一人を生かした集団を形成しながら人と関
わる力を育てていくようにすること。その際，集
団の生活の中で，子どもが自己を発揮し，保育士
等や他の子どもに認められる体験をし，自分のよ
さや特徴に気付き，自信をもって行動できるよう
にすること。

③　子どもが互いに関わりを深め，協同して遊ぶよ
うになるため，自ら行動する力を育てるととも
に，他の子どもと試行錯誤しながら活動を展開す
る楽しさや共通の目的が実現する喜びを味わうこ
とができるようにすること。

④　道徳性の芽生えを培うに当たっては，基本的な
生活習慣の形成を図るとともに，子どもが他の子
どもとの関わりの中で他人の存在に気付き，相手
を尊重する気持ちをもって行動できるようにし，
また，自然や身近な動植物に親しむことなどを通
して豊かな心情が育つようにすること。特に，人
に対する信頼感や思いやりの気持ちは，葛藤やつ
まずきをも体験し，それらを乗り越えることによ
り次第に芽生えてくることに配慮すること。

⑤　集団の生活を通して，子どもが人との関わりを
深め，規範意識の芽生えが培われることを考慮
し，子どもが保育士等との信頼関係に支えられて
自己を発揮する中で，互いに思いを主張し，折り
合いを付ける体験をし，きまりの必要性などに気
付き，自分の気持ちを調整する力が育つようにす
ること。

⑥　高齢者をはじめ地域の人々などの自分の生活に
関係の深いいろいろな人と触れ合い，自分の感情
や意志を表現しながら共に楽しみ，共感し合う体
験を通して，これらの人々などに親しみをもち，
人と関わることの楽しさや人の役に立つ喜びを味
わうことができるようにすること。また，生活を
通して親や祖父母などの家族の愛情に気付き，家
族を大切にしようとする気持ちが育つようにする
こと。

幼保連携型認定こども園教育・保育要領
（平成29年告示）

第1　乳児期の園児の保育に関するねらい及び内容

身近な人と気持ちが通じ合う

〔受容的・応答的な関わりの下で，何かを伝えようとする意欲や身近な大人との信頼関係を育て，人と関わる力の基盤と培う。〕

1　ねらい

(1)　安心できる関係の下で，身近な人と共に過ごす喜びを感じる。

(2)　体の動きや表情，発声等により，保育教諭等と気持ちを通わせようとする。

(3)　身近な人と親しみ，関わりを深め，愛情や信頼感が芽生える。

2　内容

(1)　園児からの働き掛けを踏まえた，応答的な触れ合いや言葉掛けによって，欲求が満たされ，安定感をもって過ごす。

(2)　体の動きや表情，発声，喃語等を優しく受け止めてもらい，保育教諭等とのやり取りを楽しむ。

(3)　生活や遊びの中で，自分の身近な人の存在に気付き，親しみの気持ちを表す。

(4)　保育教諭等による語り掛けや歌い掛け，発声や喃語等への応答を通じて，言葉の理解や発語の意欲が育つ。

(5)　温かく，受容的な関わりを通じて，自分を肯定する気持ちが芽生える。

3　内容の取扱い

上記の取扱いに当たっては，次の事項に留意する必要がある。

(1)　保育教諭等との信頼関係に支えられて生活を確立していくことが人と関わる基盤となることを考慮して，園児の多様な感情を受け止め，温かく受容的・応答的に関わり，一人一人に応じた適切な援助を行うようにすること。

(2)　身近な人に親しみをもって接し，自分の感情などを表し，それに相手が応答する言葉を聞くことを通して，次第に言葉が獲得されていくことを考慮して，楽しい雰囲気の中での保育教諭等との関わり合いを大切にし，ゆっくりと優しく話し掛けるなど，積極的に言葉のやり取りを楽しむことができるようにすること。

第2　満1歳以上満3歳未満の園児の保育に関するねらい及び内容

人間関係

〔他の人々と親しみ，支え合って生活するために，自立心を育て，人と関わる力を養う。〕

1　ねらい

(1)　幼保連携型認定こども園での生活を楽しみ，身近な人と関わる心地よさを感じる。

(2)　周囲の園児等への興味・関心が高まり，関わりをもとうとする。

(3)　幼保連携型認定こども園の生活の仕方に慣れ，きまりの大切さに気付く。

2　内容

(1)　保育教諭等や周囲の園児等との安定した関係の中で，共に過ごす心地よさを感じる。

(2)　保育教諭等の受容的・応答的な関わりの中で，欲求を適切に満たし，安定感をもって過ごす。

(3)　身の回りに様々な人がいることに気付き，徐々に他の園児と関わりをもって遊ぶ。

(4)　保育教諭等の仲立ちにより，他の園児との関わりを少しずつ身につける。

(5)　幼保連携型認定こども園の生活の仕方に慣れ，きまりがあることや，その大切さに気付く。

(6)　生活や遊びの中で，年長児や保育教諭等の真似をしたり，ごっこ遊びを楽しんだりする。

3　内容の取扱い

上記の取扱いに当たっては，次の事項に留意する必要がある。

(1)　保育教諭等との信頼関係に支えられて生活を確立するとともに，自分で何かをしようとする気持ちが旺盛になる時期であることに鑑み，そのような園児の気持ちを尊重し，温かく見守るとともに，愛情豊かに，応答的に関わり，適切な援助を行うようにすること。

(2)　思い通りにいかない場合等の園児の不安定な感情の表出については，保育教諭等が受容的に受け止めるとともに，そうした気持ちから立ち直る経験や感情をコントロールすることへの気付き等につなげていけるように援助すること。

(3)　この時期は自己と他者との違いの認識がまだ十分ではないことから，園児の自我の育ちを見守るとともに，保育教諭等が仲立ちとなって，自分の気持ちを相手に伝えることや相手の気持ちに気付くことの大切さなど，友達の気持ちや友達との関

わり方を丁寧に伝えていくこと。

第3　満3歳以上の園児の教育及び保育に関するねらい及び内容

人間関係

〔他の人々と親しみ，支え合って生活するために，自立心を育て，人と関わる力を養う。〕

　1　ねらい

⑴　幼保連携型認定こども園の生活を楽しみ，自分の力で行動することの充実感を味わう。

⑵　身近な人と親しみ，関わりを深め，工夫したり，協力したりして一緒に活動する楽しさを味わい，愛情や信頼感をもつ。

⑶　社会生活における望ましい習慣や態度を身に付ける。

　2　内容

⑴　保育教諭等や友達と共に過ごすことの喜びを味わう。

⑵　自分で考え，自分で行動する。

⑶　自分でできることは自分でする。

⑷　いろいろな遊びを楽しみながら物事をやり遂げようとする気持ちをもつ。

⑸　友達と積極的に関わりながら喜びや悲しみを共感し合う。

⑹　自分の思ったことを相手に伝え，相手の思っていることに気付く。

⑺　友達のよさに気付き，一緒に活動する楽しさを味わう。

⑻　友達と楽しく活動する中で，共通の目的を見いだし，工夫したり，協力したりなどする。

⑼　よいことや悪いことがあることに気付き，考えながら行動する。

⑽　友達との関わりを深め，思いやりをもつ。

⑾　友達と楽しく生活する中できまりの大切さに気付き，守ろうとする。

⑿　共同の遊具や用具を大切にし，皆で使う。

⒀　高齢者をはじめ地域の人々などの自分の生活に関係の深いいろいろな人に親しみをもつ。

　3　内容の取扱い

　上記の取扱いに当たっては，次の事項に留意する必要がある。

⑴　保育教諭等との信頼関係に支えられて自分自身の生活を確立していくことが人と関わる基盤とな

ることを考慮し，園児が自ら周囲に働き掛けることにより多様な感情を体験し，試行錯誤しながら諦めずにやり遂げることの達成感や，前向きな見通しをもって自分の力で行うことの充実感を味わうことができるよう，園児の行動を見守りながら適切な援助を行うようにすること。

⑵　一人一人を生かした集団を形成しながら人と関わる力を育てていくようにすること。その際，集団の生活の中で，園児が自己を発揮し，保育教諭等や他の園児に認められる体験をし，自分のよさや特徴に気付き，自信をもって行動できるようにすること。

⑶　園児が互いに関わりを深め，協同して遊ぶようになるため，自ら行動する力を育てるようにするとともに，他の園児と試行錯誤しながら活動を展開する楽しさや共通の目的が実現する喜びを味わうことができるようにすること。

⑷　道徳性の芽生えを培うに当たっては，基本的な生活習慣の形成を図るとともに，園児が他の園児との関わりの中で他人の存在に気付き，相手を尊重する気持ちをもって行動できるようにし，また，自然や身近な動植物に親しむことなどを通して豊かな心情が育つようにすること。特に，人に対する信頼感や思いやりの気持ちは，葛藤やつまずきをも体験し，それらを乗り越えることにより次第に芽生えてくることに配慮すること。

⑸　集団の生活を通して，園児が人との関わりを深め，規範意識の芽生えが培われることを考慮し，園児が保育教諭等との信頼関係に支えられて自己を発揮する中で，互いに思いを主張し，折り合いを付ける体験をし，きまりの必要性などに気付き，自分の気持ちを調整する力が育つようにすること。

⑹　高齢者をはじめ地域の人々などの自分の生活に関係の深いいろいろな人と触れ合い，自分の感情や意志を表現しながら共に楽しみ，共感し合う体験を通して，これらの人々などに親しみをもち，人と関わることの楽しさや人の役に立つ喜びを味わうことができるようにすること。また，生活を通して親や祖父母などの家族の愛情に気付き，家族を大切にしようとする気持ちが育つようにすること。

索 引

● 編著者　　　　　　　　　　　　　　　　　　　　　　〔執筆分担〕

きしい けいこ
岸井慶子　　　暁星国際流山幼稚園　園長　　　　　　　　第 2 章・第10章

さかい まゆこ
酒井真由子　　上田女子短期大学幼児教育学科　教授　　　第12章

● 著者（五十音順）

かたかわともこ
片川智子　　　鶴見大学短期大学部保育科　准教授　　　　第 5 章 1・2

こしかわようこ
越川葉子　　　東京未来大学こども心理学部　講師　　　　第 6 章

さいとう たかし
齊藤　崇　　　淑徳大学総合福祉学部　教授　　　　　　　第11章

さえき ゆたか
佐伯　胖　　　田園調布学園大学　大学院人間学研究科　教授　第 1 章

しみずみちよ
清水道代　　　田園調布学園大学子ども未来学部　准教授　　第 5 章 3〜5

つちや ゆう
土屋　由　　　十文字学園女子大学教育人文学部幼児教育学科　講師　第 4 章

ながたようこ
永田陽子　　　大和郷幼稚園　園長　　日本女子大学家政学部非常勤講師　第 7 章

まつやまようへい
松山洋平　　　和泉短期大学児童福祉学科　教授　　　　　第 3 章

やしろようこ
八代陽子　　　和泉短期大学児童福祉学科　准教授　　　　第 8 章

やまぐちみわ
山口美和　　　上越教育大学　大学院学校教育研究科　教授　第 9 章

きたむらとみこ
北村都美子　　明徳土気こども園　園長　事例協力（第10章）

コンパス　保育内容 人間関係

2018年（平成30年） 2月10日　初 版 発 行
2023年（令和5年） 2月20日　第4刷発行

編著者　岸 井 慶 子
　　　　酒 井 真由子

発行者　筑 紫 和 男

発行所　株式会社 建 帛 社
　　　　　　　 KENPAKUSHA

〒112-0011　東京都文京区千石4丁目2番15号
　　　　　TEL（03）3944-2611
　　　　　FAX（03）3946-4377
　　　　　https://www.kenpakusha.co.jp/

ISBN 978-4-7679-5061-7　C3037
幸和印刷／愛千製本所
Printed in Japan